中国义务教育
省级统筹问题研究

黄 俭◎著

教育科学出版社
·北 京·

目　录

第一章
绪　论

第一节　选题背景及意义

义务教育省级统筹，作为我国发展义务教育的一项基本政策，对于实现义务教育均衡发展具有战略性和现实性的意义。要推进义务教育省级统筹，还面临一系列的问题。例如：什么是义务教育省级统筹？义务教育省级统筹的主体是谁、统筹什么、如何统筹？……解决这些问题，是科学推进义务教育省级统筹的基础和前提。

一、选题背景

义务教育具有奠基性、先导性意义，是提升国民基本素质的重要手段之一。实现免费的、强制性的、全民性的义务教育一直是世界各国孜孜以求的目标。自 1619 年德国颁布世界上第一部义务教育法令以来，义务教育在全世界近 200 个国家已经实现。就我国而言，以 1986 年《中华人民共和国义务教育法》（以下简称《义务教育法》）的颁布实施为标志，开启了普及九年义务教育的工作。2001 年如期实现了基本普及九年义务教育以及基本扫除青壮年文盲（简称"两基"）的战略目标，普及九年义务教育人口覆盖率达到 85% 以上。[①] 2008 年免费义务教育得以全面实现。2010 年年底，全国 2856 个

---

① 翟博，刘帆，等 . 世纪的承诺：来自中国实现"基本普及九年义务教育和基本扫除青壮年文盲"的报告 [N]. 中国教育报，2001-04-09（1）.

县（市、区）全部达到了"两基"目标，"两基"人口覆盖率达到100%。^①
2013年，全国小学和初中毛入学率分别达到104.4%和104.1%，九年义务教育巩固率达到92.3%。其中，小学适龄儿童的净入学率由1965年的84.7%增加至99.7%。^②但由于各地社会经济发展不平衡及体制机制问题，我国义务教育发展出现了不同地区之间办学条件、师资队伍、教育质量、保障水平等方面的较大差异，即便是同一地区，其内部发展差异也十分明显。为此，国务院和教育部适时提出了加强省级教育统筹的教育发展思想，并在《国家中长期教育改革和发展规划纲要（2010—2020年）》（以下简称《教育规划纲要》）中进一步作了强调。但是相关文件对于在义务教育均衡发展过程中，省级统筹什么、谁来统筹、如何统筹等问题并不明确。因此，开展义务教育省级统筹研究非常有必要，具体来说，主要表现在如下几个方面。

1. 加强义务教育省级统筹研究是实现义务教育均衡发展的要求

开展义务教育省级统筹研究既是教育改革和发展的时代要求，也是我国经济社会发展到了一个新阶段的客观要求，同时还是实现义务教育均衡发展的内在需要。特别是改革开放以来，中央分别召开了四次全国教育工作会议，每次会议都对省级教育统筹包括义务教育省级统筹提出了要求。

1985年，《中共中央关于教育体制改革的决定》对基础教育权限的划分做出了明确的规定："实行基础教育由地方负责、分级管理的原则"，"除大政方针和宏观规划由中央决定外，具体政策、制度、计划的制定和实施，以及对学校的领导、管理和检查，责任和权力都交给地方"^③。这是国家第一次提出下放各类教育管理的权力到省级及省级以下的地方政府。

1994年，《国务院关于〈中国教育改革和发展纲要〉的实施意见》提出，基础教育实行在国家宏观指导下，主要由地方负责、分级管理体制。省级政府负责本地区基础教育的实施工作^④，逐步扩大省级政府的教育决策权

① 教育部.2010年全国教育事业发展统计公报［EB/OL］.［2019-09-20］.http：//www.moe.gov.cn/srcsite/A03/s180/moe_633/201203/t20120321_132634.html.

② 教育部.2013年教育统计数据：全国基本情况［EB/OL］.［2014-05-21］.http://www.moe.gov.cn/publicfiles/business/htmlfiles/moe/s8493/index.html.

③ 中共中央关于教育体制改革的决定［J］.江苏教育，1985（6）：6-7.

④ 国务院关于《中国教育改革和发展纲要》的实施意见［EB/OL］.［2014-04-20］.http://www.moe.edu.cn/publicfiles/business/htmlfiles/moe/moe_177/200407/2483.html.

和统筹权。

1999年，《中共中央国务院关于深化教育改革全面推进素质教育的决定》提出："进一步简政放权，加大省级人民政府发展和管理本地区教育的权力以及统筹力度，促进教育与当地经济社会发展紧密结合。"①

2010年，《教育规划纲要》再次明确指出："以转变政府职能和简政放权为重点，深化教育管理体制改革，提高公共教育服务水平。……进一步加大省级政府对区域内各级各类教育的统筹。统筹管理义务教育，推进城乡义务教育均衡发展，依法落实发展义务教育的财政责任。"②

2. 实行义务教育省级统筹面临新问题，需要开展有针对性的研究

一是统筹的主体发生了新的变化。原有的以地方为主特别是以县级政府为主的义务教育发展方式，已不能满足义务教育发展的需要。因为全国各地经济社会发展差异巨大，进而导致省域之间、城乡之间的义务教育发展水平也存在较大的差异。促进教育均衡发展，实现教育公平是一个极为迫切的问题。教育是国之大计，党之大计。促进教育均衡发展、实现教育公平是实现社会公平的基石。要满足人民群众日益增长的对优质教育的需求，办好人民满意的教育，就必须缩小城乡之间、区域之间的教育差距，建立区域协调发展的教育发展机制。要实现财政支出、学校标准化建设、教师资源配置等向农村倾斜，向贫困地区倾斜，就必须加大省内财政转移支付的力度。因此，原来的以县级政府为主体的统筹方式必须转变到以省级政府为主体的统筹方式上来。

二是现有的统筹主体短时间内还很难形成有效的统筹格局，特别是针对不同统筹对象采取不同策略的格局还未形成。例如，针对中小学生课业负担过重、学生择校、教育质量综合评价、教育资源均衡配置、教育公平等热点难点问题，从统筹制度建设、体制机制的建立、统筹能力的适应等方面来看，目前的统筹方式都难以有效达成统筹目标。

三是对什么是义务教育省级统筹，始终缺乏完整解读。2006年，国家提

---

① 中共中央国务院关于深化教育改革全面推进素质教育的决定 [EB/OL]. [2014-06-05]. http://old. moe. gov. cn/publicfiles/business/htmlfiles/moe/moe_177/200407/2478. html.

② 国家中长期教育改革和发展规划纲要（2010—2020年）[EB/OL]. [2014-06-10]. http://www. moe. gov. cn/srcsite/A01/s7048/201007/t20100729_171904. html.

出推进义务教育均衡发展，强调省级统筹。2011 年，国家在七个省市开展省级统筹试点。近几年，教育部年度工作要点中均提出了省级统筹的要求。2014 年，国家教育体制改革领导小组办公室发布《关于进一步扩大省级政府教育统筹权的意见》。教育部和部分省份的有关领导也发表过一些关于省级统筹的文章，但查阅文献可以发现，对于省级统筹大多只有要求，没有措施，缺乏清晰完整的解读。

3. 进行义务教育省级统筹研究也是本人兴趣之所在

作为一名长期从事教育行政工作的管理者，本人一直关注义务教育政策的变化。其原因在于：一是为了更好地执行政策；二是在具体工作中也逐渐加深了体会，对政策有了一些研究。在面对实行义务教育省级统筹的任务和要求时，本人既感兴趣，也有困惑。如：如何迅速适应义务教育省级统筹的需要？如何使教育行政部门在省级统筹中不越位、不缺位、不错位？如何使自己的教育管理行为更加符合教育改革与发展的要求？特别是在实施义务教育省级统筹的过程中，如何能为教育政策的制定和重大决策提供有益的参考？如何吸取有益经验，提高教育行政管理的效率？因此，研究义务教育省级统筹问题既是工作需要，也是本人兴趣之所在。

二、研究意义

开展义务教育省级统筹研究，有利于厘清谁统筹、统筹什么和如何统筹等理论问题，进而为我国义务教育省级统筹的顺利实施提供决策咨询，具有重要的理论意义和现实意义。

1. 研究的理论意义

义务教育是一种全民性、免费性、强制性的教育。实行义务教育首先是政府的基本职能和职责，必须依靠政府的强有力支持和推动。所以，研究义务教育省级统筹必然需要政府治理理论的支撑，解决集权和分权以及不同统筹主体之间的关系。其次，从公共产品的角度来看，义务教育作为一种纯公共产品，对其供给等方面的分析就离不开公共产品理论。所以公共产品理论可以作为分析工具，澄清义务教育省级统筹对象和统筹责任等问题。再次，义务教育的全民性和强制性必然要求义务教育资源配置的公平性，因此义务教育省级统筹研究还需要以教育公平理论为支撑，分析在省级统筹背景下如何实现义务教育机会公平、过程公平、结果公平，明确统筹目的和原则。最后，既然是研究义务教育省级统筹，解决如何统筹、统筹什么等问题就需要以统筹学的基本理论为支撑，厘清统筹方法、策略、条件、机制等问题。

据此，开展我国义务教育省级统筹研究必须以政府治理理论、公共产品理论、教育公平理论、统筹学基本理论作为研究的理论基础。运用政府治理理论分析中央政府与省级政府及省级以下各级政府在义务教育省级统筹中的集权和分权、不同统筹主体之间的关系等理论问题。运用公共产品理论分析解决义务教育省级统筹中的统筹对象和统筹责任的问题。运用教育公平理论分析解决义务教育省级统筹的目的和原则问题。运用统筹学的相关理论分析解决义务教育省级统筹的统筹方法、统筹策略、统筹的条件和机制等问题。也就是说，运用这些理论，以明确义务教育省级统筹的基本含义为基础，重点对义务教育省级统筹的目标和内容、主体、影响因素（环境）、体制机制、途径策略及效果评价等问题进行深入研究，从而更加深入地认识中国特色教育行政管理规律，初步构建中国义务教育省级统筹的理论框架。

2. 研究的现实意义

尽管义务教育在我国已经全面普及，并且成效卓著，但仍然存在诸多需要进一步解决的问题。特别是在义务教育省级统筹被上升为一项基本教育政策和大力推进义务教育均衡发展的背景下，如何卓有成效地实施省级统筹是一个十分现实而迫切的问题。尽管义务教育省级统筹在国内部分地区已经进行了一些有益的探索，但总体上还处于探索阶段。所以，研究我国义务教育省级统筹问题，具有如下几个方面重要的现实意义。

一是有利于我国各省级政府从本地实际出发，提出适应本省实际的义务教育改革和发展目标，促进省域内的义务教育均衡发展。我国各省（自治区、直辖市）的经济发展水平和义务教育发展水平存在较大的差异，因此，推行义务教育省级统筹没有固定的模式可言，但若不明确省级统筹的内容、目标、原则以及机制等问题，省级统筹就可能成为一句空话。

二是有利于进一步厘清包括中央政府在内的各相关部门在义务教育发展中的权责关系，形成协同合力。实现义务教育均衡发展首先是政府行为，也是包括中央政府在内的各级政府的主要职责之一，义务教育省级统筹只有得到各级政府的政策、财政等方面的大力支持才有可能实现。因此，在统筹过程中如何实现各级政府各安其位，做到不越位、不错位、不缺位，是一个十分现实的问题，这也是本研究重点分析解决的问题之一。

三是有利于促进我国义务教育省级统筹能力和水平的提升，有利于提高省级教育行政部门的综合治理能力。

四是有利于省级政府吸取我国义务教育发展历史进程中的经验教训，借鉴国内外实施义务教育省级统筹的经验，为义务教育省级统筹的决策提供有价值的参考，为构建我国义务教育省级统筹长效机制提供决策咨询。

第二节　文献综述

一、国内相关研究综述

1. 关于统筹一般理论与方法的研究

"统筹"一词最早出现在清代左宗棠的奏文中，之后，逐步成为大多数理性管理者的一种综合思想，毛主席在著作中也多次使用"统筹"一词。[①] 20世纪50年代末60年代初期，华罗庚在研究国外诸多方法的基础上提出了具有中国特色的统筹方法，并被迅速推广应用于多个领域的管理中，目的是分析并寻找出面向全局的最优决策以及与之协调的各部分的目标和决策。[②]

进入21世纪以后，一些学者用统筹的思维分析思考经济与社会协调发展以及可持续发展问题，如王一鸣[③]、丁元竹[④]等学者认为，经济社会统筹协调发展指的就是经济发展与社会发展相互满足对方的需求，且兼顾质与量的协调。党的十六届三中全会也提出了社会经济发展的"五个统筹"，即"统筹城乡发展、统筹区域发展、统筹经济社会发展、统筹人与自然和谐发展、统筹国内发展和对外开放"。

---

① 中国发展战略学研究会战略管理咨询中心. 关于统筹学的初步介绍 [C]//中国发展战略学研究会战略管理咨询中心2005年年会论文集，2005：13.

② 陈德泉，计雷，徐伟宣. 统筹学 [J]. 优选与管理科学，1987（2）：1.

③ 王一鸣，李爽，曾智泽. "十一五"时期促进经济社会协调发展的对策建议 [J]. 宏观经济研究，2005（12）：21-25.

④ 丁元竹. 我国当前协调发展的重大意义和总体要求 [N]. 中国经济时报，2003-11-11（A01）.

不难看出，统筹的思想从"局部领域的实践"萌芽，进而发展成为一种系统的数学方法，并逐步应用于分析解决全局性的经济与社会问题，为开展义务教育省级统筹的深入研究提供了基本理论支撑和方法论指导。

2. 关于政府统筹与省级教育统筹的理论研究

政府统筹是近年来研究的热点之一，但大多数研究侧重于政府统筹城乡发展问题，也有一些与省级教育行政统筹管理相关的研究，主要集中在以下几个方面。

一是从省级教育行政管理权责划分的视角进行的研究。学界对我国省级教育行政管理权责划分的研究较少。我国中央和地方在教育行政管理上缺乏合理和科学的权责划分，一直都是高度的中央集权，这导致"一统就死，一放就乱，一乱就收"的恶性循环，这一问题逐步引起了理论界的关注。如柳国辉对省级教育行政部门普教处权力运作情况进行了考察与分析，指出了省级教育行政部门普教处在权力行使过程中，由集权向分权变化的趋势。①

二是从省级教育行政统筹内容的视角进行的研究。陈孝大认为，近 30 年我国省级教育行政统筹的内容主要体现在以下八个方面：一是统筹本省教育事业发展规划、指导、协调和监管；二是宏观管理和指导全省各级各类教育的改革与发展；三是统一审核全省各类办学；四是统一管理全省普通高中的毕业升学考试和全省普通高校的招生工作；五是统筹全省学历文凭和学位证书的颁发；六是统一规划全省各级各类教师队伍建设和培训，以及教师资格认定和职称评审工作；七是统筹指导全省教育科学研究和教学工作，以及对各级各类学校的教育和教学督导、检查、评估工作；八是统筹全省各级各类学校的办学规定及各级各类学校教学资源的配置工作。② 张怀君在研究省级政府统筹义务教育均衡发展时提出，省级政府统筹义务教育资源是实现义务教育均衡发展的关键，具体包括统筹制定办学标准、统筹推进标准实施、统筹教育经费使用、统筹教师队伍管理、统筹干部教师培训、统筹民办教育发展等六项内容。③

① 柳国辉. 由集权到分权的展望：对省级教育行政部门普教处权力运作情况的考察与分析 [J]. 中小学管理，2000（9）：28-30.

② 陈孝大. 教育行政概论 [M]. 北京：中央广播电视大学出版社，2001：10.

③ 张怀君. 省级政府统筹义务教育均衡发展的再思考 [J]. 天津教育，2013（2）：35.

三是从省级教育行政统筹中政府职能及角色定位的视角进行的研究。陈胜祥等人分析指出，省级教育行政部门统筹中职招生中存在着市场机制遭到破坏、政府职能越位、引起道德失范三个问题，政府功能应定位于确定普职在高中阶段教育招生的合理比例、建立完善相关制度、提供招生服务等方面。① 陈金圣等人认为，应确立包括高等教育行政立法、高等教育发展规划、宏观政策引导、中观组织协调等方面的高等教育行政职能体系，并通过完善有关高等教育管理权限划分的行政规章、明确省级政府高等教育行政职责与权限、引入市场机制和发挥社会协调功能等途径实现高等教育行政职能的重构。② 蒋永忠等人在研究高等职业教育统筹中提出，省级教育行政部门是统筹高等职业教育的主体，是高等职业教育的重要利益相关者，承担着投资者、管理者、协调者、服务者、监督者五个角色的职能。③

四是从省级教育行政统筹方法、统筹绩效评估的视角进行的研究。刘根正在研究省级教育行政部门统筹与高校自主办学中提出，省级政府统筹协调的途径是建立中间咨询和评估机构，统筹协调的手段是规划和选择投资。该研究还提出，高校面对统筹应有积极的参与意识和行动，不能被动应对政府的统筹管理。④ 向定峰从统筹发展绩效、职能绩效、结果绩效三个方面构建了教育行政统筹绩效评估指标体系。⑤

上述研究从多个方面对省级教育统筹进行了探索，为本研究剖析我国义务教育省级统筹的现状及问题提供了文献基础。但上述研究多是关注某一局部领域，目前亟须对包括义务教育省级统筹的适切性及影响因素、义务教育省级统筹中的相关权责划分、政府职能及定位、统筹的内容、统筹方法、统筹绩效评价在内的问题及研究成果进行系统化的提炼与归纳。

3. 我国省级教育统筹政策的相关规定与实践

教育统筹政策是根据教育事业的发展需要而不断进行调整和变化的。新

---

① 陈胜祥，胡小平. 政府统筹中职招生的理性思考 [J]. 河南职业技术师范学院学报（职业教育版），2004（3）：30-32.

② 陈金圣，李兴华. 试论省级政府高等教育行政管理职能的重构 [J]. 长春工业大学学报（高教研究版），2008（1）：32-35.

③ 蒋永忠，梁文慧，张颖. 论省级政府统筹高等职业教育的角色承担 [J]. 安徽农业大学学报（社会科学版），2012（6）：53-55.

④ 刘根正. 省级政府统筹与高校自主办学的协调 [J]. 江苏高教，1995（5）：10-12，24.

⑤ 向定峰. 城乡统筹背景下教育行政绩效评估与核算 [J]. 教育发展研究，2012（1）：80-84.

中国成立至 1978 年的 30 年间，我国各级各类学校的发展都是由中央政府直接统筹管理的。改革开放后，教育事业进入了前所未有的蓬勃发展时期。由于教育规模不断扩大，教育管理的要求不断变化，中央政府开始把教育管理的许多权限下放。1985 年，中央政府决定把基础教育管理的权限交给地方，省级教育统筹逐步产生。

近年来，我国各级教育行政部门陆续颁布了一些文件，如 2010 年发布的《教育规划纲要》、2012 年发布的《国家教育事业发展第十二个五年规划》，以及部分省市颁布的系列规章，这些文件对教育统筹问题作了规定。同时，政府还采取具体的措施推进教育统筹实践。主要内容包括四个方面：一是从政府层面，制定了一系列教育统筹政策，为教育改革和发展指明了方向和措施；二是确定教育改革发展的总体目标，为教育统筹发展确立了宏伟蓝图；三是加大教育经费投入，为教育统筹发展提供了保障；四是为实现教育统筹发展确定了有效的策略，即科学规划、分层实施、分类推进。

在我国省级教育统筹相关政策及实践初具雏形之时，越来越多的现实问题也随之产生，各类政策文件中仅零散地提到省级教育统筹的一些措施，实践层面与系统性理论提炼对接的省级教育统筹的整体性策略体系还尚未形成。

综上，国内已有的理论探索及实践为本研究提供了良好的借鉴，但这些研究针对的多是省级教育统筹中某个具体单一的环节，总体上来讲仍呈碎片化状态。为使我国省级教育统筹向纵深推进，我国迫切需要开展具有系统性、整体性、协调性、综合性、全面性的理论与方法研究。

二、国外相关研究综述

"统筹"一词在英文中的表达为"coordinate"，《牛津高阶英汉双解词典》中的解释为"cause（different parts，limbs，etc）to function together efficiently"[①]，即使（各部分、肢体等）协调、协同运作的意思。在英文中，"统筹"一词基本上与"协调"同义。

1. 关于协调的研究

统筹和协调一直是企业和行政组织管理中的关键活动之一，无论是从事

---

① 霍恩比. 牛津高阶英汉双解词典［M］.李北达，译.4 版.北京：商务印书馆，1997：312.

企业管理还是从事行政组织管理研究的学者，在他们的著述中都明确地表达了统筹和协调是提高管理效率不可或缺的重要手段的理念和思想。在早期的研究中，学者们将协调和统筹视为同一概念。对统筹和协调的研究，学者们采用了如下五种视角。

一是要素视角。被誉为"科学管理之父"的泰勒（Frederick Winslow Taylor，也译作"泰罗"）将科学管理描述为"诸种要素——不是个别要素的结合，构成了科学管理，它可以概括如下：科学，不是单凭经验的方法。协调，不是不和别人合作，不是个人主义。最高的产量，取代有限的产量。发挥每个人最高的效率，实现最大的富裕"[1]。因此，他认为管理者和工人双方经过沟通协调，不断调整心态意愿，达成共识，就能实现双赢，"双方应把注意力从被视为最重要的剩余分配问题转移到增加剩余上来，双方应认识到通过友好合作和互相帮助就能共同使剩余增加，以致工人工资和制造商的利润都能增加"[2]。

二是过程视角。法约尔（Henri Fayol）明确地将协调界定为管理的五项职能之一，并由此提出了包括统一指挥、统一领导、人员的团结等在内的十四项管理原则。法约尔认为，协调就是指企业的一切都要和谐地配合，目的就是使企业的工作能够顺利进行，并有利于企业获取成功。协调的另一种功能就是使职能在社会组织机构和物质设备机构之间保持一定的比例。这个比例是每个机构高效、保质保量完成任务的保证。……总之，协调的目的是使事情和行为有一个合适的比例。[3]

三是关系视角。巴纳德（Chester Barnard）在《管理人员的职能》一书中将组织界定为"两个或两个以上的人的有意识协调的活动或效力的系统"，并认为，组织运作不仅限于通常所谓的组织内部，内部协作关系与外部协作关系同等重要。[4]

四是分工视角。李·G. 鲍曼（Lee G. Bolman）和特伦斯·E. 迪尔

① 泰罗. 科学管理原理 [M]. 胡隆昶，译. 北京：中国社会科学出版社，1984：239.

② 同①239-240.

③ 法约尔. 工业管理与一般管理 [M]. 周安华，等译. 北京：中国社会科学出版社，1982：23-43.

④ BARNARD C. The functions of the executives [M]. Cambridge, Mass.：Harvard University Press, 1938：73.

（Terrence E. Deal）发现了由部门职责专业化所带来的协调问题。他们在两人合著的《组织重构：艺术、选择及领导》一书中指出："设置不同的职责与部门可以带来专业化的好处，但同时也产生了协调与控制的问题，不同的部门都倾向于优先考虑自己的利益，……结果只能是局部最优化，即重点在于达到部门的目标而不是整体的目标。各部门的努力被分解了，绩效受到影响。这个问题困扰着政府。"①

五是冲突视角。科瑟尔（Lewis A. Coser）等社会学家和组织行为学家还从组织冲突的角度论述了组织内部和组织外部协调的重要性。科瑟尔认为，社会是由互相联系、互相依赖的部分组成的功能系统。系统各部分在资源、声望和权力的分配方面并不完全平等，当处于不利地位的社会成员对分配方式的合法性产生怀疑时，就会发生冲突。冲突能否起到促进社会整合的积极作用，主要取决于冲突的主题和社会结构两个因素。在一定的条件下，频率高但强度小的冲突能增强系统内各单位的创造性，缓解群体间的敌对情绪，扩大社会联合，从而提高社会的整合水平，增强群体适应外部环境的能力。②

2. 关于行政组织协调的研究

关于行政组织的协调，存在着五种研究视角。

一是政治与行政视角。美国政治学家古德诺（Frank Johnson Goodnow）在《政治与行政》一书中指出，政治和行政并非绝对地分离，而是必须相互协调。在分析了孟德斯鸠的三权分立理论基础上，古德诺指出，三权分立理论要求存在相互分离的政府机构，每个机构只限于行使一种独立的职能。但分权原则的极端形式不能作为具体政治组织的基础，因为政治功能不只委托给政府的某一个或某一套机构，任意一个机构或一套机构也可能不只行使一种功能，所以实际政治要求国家意志的表达与执行之间协调一致。③

二是政府内部协调视角。美国著名行政学家怀特（Leonard White）在1926年编写的《行政学概论》中具体阐述了行政协调的意义与原则。他指出，行政各部门在行政活动中的相互联系十分困难，为了保证各部门之间的

---

① 鲍曼，迪尔. 组织重构：艺术、选择及领导 [M]. 桑强，高杰英，等译. 北京：高等教育出版社，2005：59.

② 叶克林，蒋影明. 现代社会冲突论：从米尔斯到达伦多夫和科瑟尔——三论美国发展社会学的主要理论流派 [J]. 江苏社会科学，1998（2）：174-180.

③ 古德诺. 政治与行政 [M]. 王元，杨百朋，译. 北京：华夏出版社，1987：14.

相互协作，就要通过设立专门的协调委员会对各个部门以及机构之间的活动做出协调，进而保证行政方法的经济性和有效性，提高行政效率。①

三是行政过程视角。美国行政学家福莱特（Mary P. Follett）在《动态行政管理》一书中指出，组织的首要任务就是协调，也就是说把聚集起来的个人转变为一个工作单位。为了达到协调的目的，福莱特提出了"组织的四条基本原则"，包括：重视某种情境下全部因素之间的"交互联系"（在福莱特看来，在某种特定的情境下，全部因素之间必然存在着联系，对这些联系必须加以充分的理解和重视），通过直接接触实现协调（在福莱特看来，在组织中处于领导地位的人，无论处在组织的哪个职位上，都需要保持直接的交往，横向的联系与由命令构成的纵向指挥链对于实现协调有着同等的重要性），协调要在早期阶段进行（福莱特认为，组织中所有的相关人员必须在政策或决定的形成阶段参与协调，而不只是在政策或决定的完成阶段参与，这种早期阶段的参与可以提高组织成员的积极性和士气，进而有益于组织的健康发展），协调是一个连续的过程（在福莱特看来，组织需要有一种长期的机制来完成从计划到行动、再从行动到未来计划的任务）。从上述表述中可以看出，福莱特关于行政过程协调的阐述基本上与现代意义上的行政统筹具有了一致性。②

四是职能视角。美国行政学家古利克（Luther Gulick）提出管理七职能论，包括计划（planning）、组织（organising）、人事（staffing）、指挥（directing）、协调（coordinating）、报告（reporting）和预算（budgeting），协调是其中不可或缺的重要组成部分。他认为，协调就是为了使组织各部门之间的工作和谐而步调一致，共同实现组织的目标，是使工作的各个部分相互联系起来的极为重要的管理职能之一。③

五是关系网视角。美国公共政策研究专家斯蒂芬·戈德史密斯（Stephen Goldsmith）在其所著的《网络化治理：公共部门的新形态》一书中明确地指出，社会的高速发展要求有新的管理模式，在这种新的管理模式下，高级管理人员的核心职责不再是重点关注管理人员和项目，而是集中关注组织的各种资源（常常是不属于自己的资源），创造公共价值。政府机关及相关部门

---

① 怀特.行政学概论［M］.刘世传，译.3版.上海：商务印书馆，1947：81.

② 关力.行为科学的先驱者：福莱特和芒斯特伯格［J］.管理现代化，1987（3）：48-49.

③ 关力.厄威克和古利克对古典管理理论的系统化［J］.管理现代化，1987（2）：49.

作为直接服务供应者的作用已经显得越来越不重要了，这些部门更应该作为一种公共价值的促动者，在具有现代政府特质的由多元组织、多级政府和多种部门组成的关系网中充分发挥作用。①

3. 关于教育统筹协调的研究

国外关于教育统筹或协调的研究，大多以古典管理理论、社会系统理论、开放系统理论和制度理论为理论基础，对教育活动中的中央与地方、地方相关行政部门，以及地方教育行政部门与学校的协调统筹工作进行了较为深入的分析和探讨。这些研究主要采用了四种视角。

一是各级政府关系视角以及政府与学校关系视角。托马斯·J.萨乔万尼（Thomas J. Sergiovanni）等人所著的《教育治理与管理》，以"作为一种政治组织的学校""地方学区的政策制定""联邦政府的影响""州（政府）在教育中的角色"为主要内容，详细阐述了教育治理的相关内容。萨乔万尼认为，教育治理关注的是联邦机构、州教育厅和地方学区等政治单位（unit）所行使的权力和工作职能，并关注作为管理功能和管理职责的复杂的政治制度、法律体系及种种社会习俗。②詹姆斯·W.格思里（James W. Guthrie）和罗德尼·里德（Rodnery J. Reed）所著的《教育管理与政策：美国教育的有效领导》一书，就"学区的特征""学校董事会""地方学区的管理者"等相关内容进行了分析和阐述。③

二是教育组织行为视角。罗伯特·G.欧文斯（Robert G. Owens）在其所著的《教育组织行为学》中，运用古典管理理论以及一般系统理论、社会系统理论、角色理论、权变理论等管理学和组织行为学的相关理论，对教育组织的领导、组织气候、组织冲突等问题进行了深入的分析和探讨。他认为，教育组织作为一种连接松散的组织，其组织目标随着参与者的不同而经常出现不协调现象，面临着诸多冲突。组织对于破坏性的冲突应该采取集体合作

---

① 戈德史密斯，埃格斯. 网络化治理：公共部门的新形态［M］. 孙迎春，译. 北京：北京大学出版社，2008：6，21.

② SERGIOVANNI T J, et al. Educational governance and administration［M］. Englewood Cliffs, N. J.：Prentice-Hall，2009：224-298.

③ GUTHRIE J W, REED R J. Educational administration and policy：effective leadership for American education［M］. Boston：Allyn and Bacon，1991：70-90.

的办法加以解决。①

三是教育资源配置视角。约翰·丘伯（John E. Chubb）和默（Terry M. Moe）所著的《政治、市场和学校》以及杰夫·惠迪（Geoff Whitty）所著的《教育中的放权与择校：学校、政府和市场》，都详细地分析了美国教育改革中的集权与放权以及联邦政府与州政府、学区及学校之间的权力博弈及其对学校教育改革与发展的影响。如丘伯研究发现，学校并不是一个为学生和家长服务的组织，因为学校不能自行确立工作目标和计划，学校的工作目标是由政治家、管理人员和民主组织设定的，这些组织和人员掌握了政治权力。各种各样的官方组织都拥有对地方学校的决策施加影响的权力。在谈到美国教育管理体制的策略时，丘伯指出，在民主化的框架下，州政府官员和机构不应对学校内部事务加以干预，应取消全州统一的教师任职法令（tenure policy）等政策，但应对提供资金、认可新建立的学校、组织和监督择校过程、公布学校的有关信息、为学生提供必要的交通设施、督促学校遵守法律和为学生设计考试等负责。②

四是组织与个体视角。罗纳德·科温（Ronald Corwin）对自然系统模式下的学校运作做了评论：一个组织中不同部门的成员（如数学教师、体育教练或大楼管理员）常常把自己部门的利益和目标置于整个组织的规章之上；组织中个体的地位和活动往往最终以个体自身的价值来衡量（教师们的工资是以年薪为基础的，而不是取决于他们对明确的目标所做的贡献）；当组织过度紧张地谋求生存和扩张时，正式的目标会被扭曲并遭忽视；在互相竞争的各子团体之间，各种决定都是讨价还价和妥协的产物；没有一个团体拥有足够的信息和权力，能在各子团体之间强制进行高度的统筹。③

综观国内外已有的研究成果，它们对于协调、统筹等基本概念已经形成

---

① 欧文斯. 教育组织行为学 [M]. 孙绵涛，等译. 武汉：华中师范大学出版社，1987：301-326.

② 丘伯，默. 政治、市场和学校 [M]. 蒋衡，等译. 北京：教育科学出版社，2003：147-189；惠迪. 教育中的放权与择校：学校、政府和市场 [M]. 马忠虎，译. 北京：教育科学出版社，2003：40-79.

③ CORWIN R G, SCHNEIDER E J. The school choice hoax: fixing America's schools [M]. Westport, Conn: Praeger, 2005: 225.

了比较统一的看法，并且从不同的研究视角、不同的层面对行政统筹以及教育统筹和教育协调进行了较为细致的研究和深入的探讨，为本研究提供了理论支撑和方法论指导。但是已有研究也存在如下不足：一是对教育统筹的研究大多局限于行政协调，不关注顶层设计和机制设计；二是现有的关于教育协调的研究大多局限于中央政府、地方政府及学校之间的协调，具体到省级教育统筹背景下的各级政府之间的关系协调和统筹的研究，尤其是对教育行政部门与和义务教育相关的五大部门（编制、财政、组织、人社部门和发展改革委）之间的关系研究存在空白；三是在具体的教育统筹研究中，案例研究较为缺乏，这使新形势下的中国义务教育省级统筹研究缺乏针对性、适切性和可操作性。

第三节　研究思路及方法

一、研究思路

本研究以政府治理理论、公共产品理论、教育公平理论、统筹学理论作为理论基础，基于当前义务教育省级统筹权不断扩大的时代背景，以"义务教育省级统筹"为研究对象，对义务教育省级统筹涉及的相关问题进行系统研究。研究主要围绕五个问题展开：义务教育省级统筹是什么？为什么要实行义务教育省级统筹？义务教育省级统筹统筹什么？实现义务教育省级统筹面临的主要问题是什么？如何解决面临的问题？换言之，研究主要通过厘清义务教育省级统筹与教育行政协调等相关概念的关系，研究探讨义务教育省级统筹的内容、影响因素，分析其存在的问题，提出实现义务教育省级统筹的有效对策。在研究过程中坚持理论探索与策略思考相结合，历史考察与现状考察相结合，本土研究与国际比较相结合，宏观视野与中观、微观思考相结合。

全书由八个部分构成。

第一部分主要包含对研究问题以及已有研究成果的阐述（文献综述），重在说明研究的背景、意义、思路、方法、内容、重难点问题及创新点与不足。

第二部分主要研究义务教育省级统筹的基本理论。这一章主要由五个部分构成。第一，界定义务教育省级统筹的概念并对相关概念进行辨析；第二，对义务教育省级统筹的四个理论基础（政府治理理论、公共产品理论、教育公平理论、统筹学相关理论）进行了解读；第三，对影响义务教育省级统筹的相关因素进行系统分析；第四，阐释义务教育省级统筹的目标及基本原则；第五，对义务教育省级统筹的主体、内容和机制进行描述。

第三部分主要是对我国义务教育省级统筹演进变化的历史脉络进行梳理。根据我国义务教育产生和发展的历史，分清末、民国、新中国三个阶段对义务教育省级统筹状况进行考察，每个阶段都从统筹主体、对象、条件（环境）、机制等方面进行分析。

第四部分主要分析我国义务教育省级统筹的现实状况。这一部分以第二部分义务教育省级统筹的内容为依据，通过对300名义务教育学校校长进行调查，对与义务教育省级统筹相关的85人进行结构性访谈，获得我国义务教育省级统筹的基本状况。

第五部分主要是根据现状调查，归纳出义务教育省级统筹中存在的主要问题，并对问题产生的原因进行分析。

第六部分对部分国家和地区义务教育省级统筹的经验进行比较研究。在美国、法国、德国、印度及芬兰等国家，州一级政府和我国省级政府的行政地位比较类似，但在行政权限上有较大的差别。在有些国家，州一级政府的义务教育统筹作用得到了极大的发挥。我国台湾和香港地区在统筹义务教育发展中的做法，对完善我国义务教育省级统筹有很大的启示意义。

第七部分主要是基于前面的研究，提出进一步完善我国义务教育省级统筹的对策建议。要更好地发挥省级政府统筹在义务教育发展中的作用，必须从科学界定义务教育省级统筹主体的权责开始，通过建立制度保障机制、资源配置机制和绩效评价机制等来改进义务教育省级统筹。

第八部分主要概括本研究的结论及未来展望。

具体的研究路线图参见图1-1。

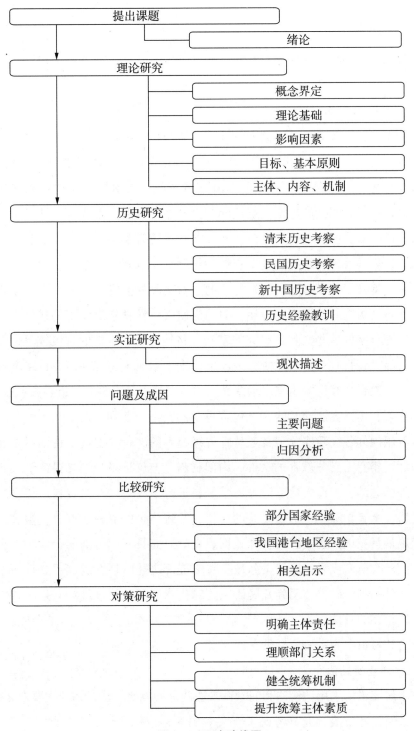

图1-1 研究路线图

二、研究方法

根据研究的目的和内容，本研究所涉及的方法主要有文献研究法、调查研究法、规范研究法、比较研究法和历史研究法。

1. 文献研究法

我国有关义务教育省级统筹的材料以教育文件为主，如 1985 年、1994 年、1999 年、2010 年四次全国教育工作会议所形成的决定都涉及省级政府在义务教育统筹上的责任，尤其是 2010 年颁布的《教育规划纲要》对义务教育省级统筹做了明确的界定。与此同时，一些学者的研究也部分涉及了义务教育省级统筹，但这些研究主要涉及义务教育统筹的某些方面，如教育经费的统筹、教师管理的统筹、教育资源的统筹等，也有一些学者在教育均衡发展研究中提及了义务教育省级统筹。通过对文献的研究，我们可以快速理解义务教育省级统筹的概念和内涵，明确当前义务教育省级统筹的进展和主要障碍。充分掌握这些文献是研究的基础。另外，高等教育的省级统筹、统筹学、省级教育行政等尽管在研究内容上区别于本研究，但在研究思路和方法上对义务教育省级统筹也有启示意义，相关文献也是本研究的重要参考资料。总体而言，本研究所涉及的文献包含重要的报纸、期刊、网上相关的学术论文以及国内外各级政府关于义务教育省级统筹的文献。本研究特别对湖北省教育厅近年有关义务教育的文件、内部材料、会议记录、领导讲话、工作报告、经验总结、工作人员笔记等一手资料进行了收集。在对资料进行系统阅读之后，笔者剔除了与选题无关的材料，并将剩余的资料进行分类整理，力争获取最具权威性的文献资料和数据。文献研究具有四方面的价值：一是全面把握已有研究成果，了解义务教育省级统筹研究的最新进展；二是通过对相关文件的综合研究，明确开展研究的时代背景和政策环境；三是明晰研究领域所存在的具体问题，进一步明确研究的方向和突破口；四是在概念上、理论上和材料上为本研究提供支持。

2. 调查研究法

本研究主要采用访谈法和问卷调查法两种调查研究法。访谈主要对 85 人进行了结构性访谈，充分考虑了有关对象的角色代表性，人员涉及五个省、五个市（州）、十几个县（市）和十几个相关部门。以湖北省为重点，访谈了省级六个职能部门（财政厅、人社厅、编办、省委组织部、教育厅、发展改革委）、市（州）县六大职能部门有关同志及对教育统筹有一定研究的学者，主要了解他们对义务教育省级统筹现状和存在问题的认识。湖北省外访谈主要考虑访谈对象的身份、角色，访谈了广东、山东、安徽、黑龙江等省级教育行政部门的厅长、处长及有关同志。这些决策者、参与者和研究者的思考有助于我们透过现象把握问题的本质，更深入地了解当前义务教育省级统筹存在的问题及其原因，从中归纳整理出具有典型代表性的热点、难点问题，提炼一些观点、方法及统筹策略，为解决这些热点、难点问题提供对策。另外，调研中还对一些省份义务教育省级统筹的做法做了了解。问卷调查以湖北省义务教育阶段学校校长为对象，采用自编问卷的形式，调查校长对于义务教育省级统筹的认识，义务教育省级统筹对于学校办学经费、教师队伍建设、学校管理等方面的影响。调查共发出问卷 300 份，回收问卷 255 份，回收率为 85.0%；其中有效问卷 233 份，问卷有效率为 91.4%。问卷调查在对象的选择上进行了综合考虑，完全中学校长和完全小学校长所占的比例最大，两者之和达到了 60.5%。另外，中心小学校长有 45 人，也有少量九年一贯制学校校长和教学点校长，这个比例基本符合各类学校在义务教育学校总体中所占的比例，故所选样本有一定的代表性。从校长所在学校的办学条件来看，薄弱校、一般学校、办学条件良好的学校均占一定的比例，能够代表各类学校的情况。这些调查数据与文献资料相互对照，有助于我们更为客观地认识义务教育省级统筹的实施效果。当然，问卷调查法的优点是样本容量相对较大，能够从整体上反映义务教育省级统筹的现实状况，其缺点在于不利于深入探讨和归因分析，因此本研究将问卷调查和访谈结合起来使用。

3. 规范研究法

运用规范研究法主要解决如下问题：义务教育省级统筹应该是什么样的？应该达到什么样的状况？要回答这些问题，虽然可以借助专家访谈，但更重要的是从理论出发展开规范研究。本研究主要以政府治理理论、公共产品理论、教育公平理论、统筹学相关理论为理论基础，探讨义务教育省级统筹的含义、影响义务教育省级统筹的因素、义务教育省级统筹的内涵和机制。国外的相关理论对于协调、统筹等基本概念已经形成了比较一致的看法，并且从不同的研究视角、不同的层面对行政统筹以及教育统筹和教育协调进行了较为细致的研究和深入的探讨，为本研究提供了有关理论支撑，为勾勒义务教育省级统筹图景提供了思维原料。

4. 比较研究方法

本研究包含两个方面的比较。一是国内外比较研究。选取了具有典型代表意义的国家，如发达国家中以分权为特点的美国、以集权为特点的法国，以及兼具分权与集权特点的德国。美国、法国、德国中类似于州的行政区划和中国的省级行政区划有一定的相似性。这种比较能够更好地掌握和吸取其他国家州一级教育统筹的经验和教训，开阔中国义务教育省级统筹研究的思路。本研究也选取了基础教育在世界上很有影响的北欧小国芬兰，以及经济相对落后的人口大国印度做比较研究。但这种比较研究的问题在于这些国家州一级政府的政治权力、经济能力和文化氛围与我国省一级政府的情况不尽相同，故对其经验的采纳应该保持高度审慎的态度。另外一个比较研究是国内不同省份的比较，如将香港、台湾地区和内地义务教育省级统筹状况进行比较。吸取其他国家和我国香港、台湾地区的先进经验，对进一步完善我国义务教育省级统筹具有重要价值。

5. 历史研究法

历史研究法是指以已经发生的教育现象、事件为研究对象，以提出问题、形成假设为起点，以史实为研究依据，遵循系统且严谨的研究程序，探讨教育现象的因果规律或趋势的一种方法。只有考察省级政府在义务教育统筹中职能演变的历史，我们才能更深入地了解中国的特殊性，才能系统掌握义务教育省级统筹的历史教训和经验。我国义务教育发展的历史可以追溯到 19 世纪末，康有为在 1898 年的《请开学校折》中提出，"限举国之民，自七岁以上必入之，……其不入学者，罚其父母"。1904 年，我国义务教育开始有章可循，在张百熙的推动下，清政府颁布《奏定学堂章程》。此后一百多年，省级政府在义务教育中所承担的责任是不断变化的，厘清这段教育史有助于重新认识省级政府在义务教育中应该承担的责任和所拥有的权力。本研究将通过考察我国省级教育行政职能和管理的历史，探索省级教育行政管理的发展趋势，找到我国义务教育省级统筹的基本规律和策略机制。

第四节　主要研究内容及重点难点分析

一、研究内容

义务教育省级统筹在宏观层面上涉及统筹的内容、体制与机制、目标及原则等，在微观层面上涉及义务教育经费、师资、学校教学管理、课程教学，以及公办学校与民办学校统筹等诸多方面的内容。如此庞杂、丰富的内容是本研究无法完成的，因此，本研究只选取体制机制、经费投入、教师队伍建设作为重点内容，从如下方面加以分析和阐述。

1. 义务教育省级统筹的基本理论研究

基本理论研究是本研究的基础。这部分的内容包括义务教育省级统筹的相关概念解析、义务教育省级统筹的理论基础（如政府治理理论、公共产品理论、教育公平理论、统筹学的相关理论等）、义务教育省级统筹的适切性、义务教育省级统筹的影响因素、义务教育省级统筹的内容等。

2. 义务教育省级统筹的历史研究

历史考察主要通过梳理我国自清末到民国再到新中国成立后，义务教育管理体制的演进，包括中央政府与地方政府义务教育管理权责的划分、省级政府在义务教育发展中的权责等内容，了解义务教育省级管理职责变迁的轨迹，把握义务教育省级统筹的发展历史和发展趋势，为揭示义务教育省级统筹的客观规律提供支撑和依据。

3. 义务教育省级统筹的比较研究

比较研究主要通过对部分国家和地区，包括美国、法国、德国、印度、芬兰等国家及我国港台地区的义务教育统筹进行比较，找到各种统筹方式的优点和不足，从中吸取经验和教训，为探索具有中国特色的义务教育省级统筹提供借鉴。

4. 义务教育省级统筹的现状研究

现状研究主要是对我国义务教育省级统筹存在的问题进行梳理，提炼出教育统筹中的热点、难点问题，对面临的困境进行归因分析和专项研究，为探索对策奠定基础。

5. 义务教育省级统筹的策略研究

策略研究是本研究的重点，主要研究如何根据义务教育省级统筹的任务和要求，借鉴不同国家和地区在推进义务教育省级统筹中的成功经验，遵循教育规律，实施公共治理，改进教育管理行为方式，提高教育管理的服务水平，提出构建服务型、流畅型、高效型的义务教育省级统筹体制机制的有效策略。

二、研究重点与难点

1. 研究重点

本研究的研究重点是三大核心问题，即义务教育省级统筹是什么（定义、内容）、义务教育省级统筹的现状及问题、完善义务教育省级统筹的对策。

回答"义务教育省级统筹是什么"，是对于义务教育省级统筹本然状态的研究，是本研究展开的基础。尽管当前理论界和实践界已经反复提及"教育统筹""省级统筹""省级教育统筹""义务教育省级统筹"等概念，但对"义务教育省级统筹"的系统研究的成果并不多见，甚至对"义务教育省级统筹"并没有一个一致认可的概念。本研究的一个重点是在充分研究文献的基础上清晰界定相关概念，包括省级政府统筹与省级教育统筹、教育统筹与教育行政协调、教育统筹与教育管理之间的联系与区别。如果核心概念界定不清晰，就无法准确分析义务教育省级统筹中各部门的权责、义务教育省级统筹的内容及实施路径。当然，更为重要的是义务教育省级统筹到底"统"什么，即义务教育省级统筹的具体内容也是需要解决的问题。自19世纪末中国产生义务教育以后，省级政府义务教育管理的权限是不断变化的。从人力、物力、财力等资源统筹的角度看，义务教育省级统筹的具体内容这一问题，需要对义务教育省级统筹历史和现状进行充分考察，对国内国外的情况进行充分比较后才能解决。

对义务教育省级统筹的调研是本研究中一个重要的部分，也是研究关注的重点。本研究借助系统的问卷调查和结构性访谈，从义务教育省级统筹的主体、对象、条件、机制等角度把握我国义务教育省级统筹的实情，进而发现问题，深入地探明问题的原因。

对"义务教育省级统筹怎么办"的研究是本研究的落脚点。一方面要明确义务教育省级统筹实现的现实条件，主要的内容包括当前已有的义务教育省级统筹制度，省级政府与中央政府的关系，省直六大部门的关系，省级政府与市（州）县的关系等；另一方面是研究不同资源的省级统筹，包括人、财、物的统筹，尤其是经费投入、教师队伍建设等方面的统筹。此外，研究还考察了义务教育省级统筹绩效评价体系。因为，只有建立科学的义务教育省级统筹绩效评价体系，才能够系统规范义务教育省级统筹的实践。

2. 研究难点

理论探索方面的难点在于建构中国特色的义务教育省级统筹理论。当前理论界尚未明确提出省级教育统筹的概念，与之相关的研究基础也较为薄弱。本研究需要清晰界定相关概念，包括教育统筹、义务教育统筹与义务教育管理等，厘清相关概念的内涵及概念间的联系与区别。如果核心概念界定不清晰，就无法准确分析省级教育行政部门的权责、义务教育省级统筹的内容及实施路径。

实践探索方面的难点主要是解决策略的有效性问题。实施义务教育省级统筹需要理顺义务教育省级统筹机构与其他相关部门的关系，需要科学设计、精准定位义务教育省级统筹机构的权责，涉及面广且非常复杂。本研究力争所提对策达到理论上可支撑、实践上可操作、各相关部门认同、法律上允许的要求。

第二章
义务教育省级统筹的相关理论

第一节　概念界定及相关概念辨析

　　界定义务教育省级统筹的概念及对相关概念加以辨析是构建义务教育省级统筹理论框架的基础。本节主要就义务教育、统筹等概念加以界定，并对与义务教育省级统筹相关的义务教育管理、义务教育行政、义务教育协调等概念加以辨析。

一、概念界定

1. 义务教育的含义及特点

　　源于社会生活需要而产生的教育，其本质是培养人的一种社会活动。教育有广义和狭义之分。广义的教育指的是所有有目的地增进人的知识技能、影响人的思想品德、增强人的体质的活动。这种活动无论是有组织的还是无组织的，系统的还是零碎的，都可以是教育。狭义的教育指的是在一定范围内，根据社会的现实和未来的需要，遵循年青一代的身心发展规律，对受教育者进行的有目的、有计划、有组织的引导的活动，从而使其获得知识技能、陶冶思想品德、发展智力和体力。[①] 教育学中研究的教育是狭义的教育，即学校教育。本研究中的义务教育为小学、初中阶段的九年制义务教育。

　　义务教育（compulsory education），又称免费教育或普及义务教育，是指国家以法律形式规定的对一定年龄儿童免费实施的某种程度的学校教育。[②]

---

① 王道俊，王汉澜．教育学（新编本）［M］．3 版．北京：人民教育出版社，1999：41.
② 周德昌．简明教育辞典［M］．广州：广东高等教育出版社，1992：162.

　　根据义务教育的概念，不难总结出义务教育具有义务性、强制性、免费性和普及性的特点。

　　义务教育的义务性主要体现在三个方面。一是教育对象的义务，即有关法律规定的教育对象必须接受义务教育并将接受义务教育视为自己应尽的义务；二是家长的义务，即教育对象的父母或其他监护人必须送适龄儿童到学校接受义务教育；三是国家及社会的义务，即国家有义务设立学校保证适龄儿童接受义务教育，全社会有义务排除各类阻碍适龄儿童身心健康发展的不良因素。

　　上述三个方面也体现了义务教育的强制性，也就是说，义务教育是受法律保障的公民必须接受的基本教育，国家、社会及家庭都必须予以保证，适龄儿童必须接受，具有强迫性。如，1619 年德意志魏玛邦的学校法令就明确规定，父母必须送 6—12 岁子女入学，否则政府可以强迫其履行义务。1985 年《中共中央关于教育体制改革的决定》也明确规定："义务教育，即依法律规定适龄儿童和青少年都必须接受，国家、社会、家庭必须予以保证的国民教育，为现代生产发展和现代社会生活所必需，是现代文明的一个标志。"

　　义务教育的免费性，指的是对接受义务教育的学生及其家长"不收学费、杂费"。正如美国经济学家弗里德曼（Milton Friedman）在其所著的《资本主义与自由》一书中指出的，义务教育对社会来说是具有"正邻近影响"的教育，因为"儿童受到的教育不仅有利于儿童自己或家长，而且社会上其他成员也会从中得到好处，我孩子受到的教育由于能促进一个稳定和民主的社会而有助于您的福利，由于无法识别受到利益的具体的个人（或家庭），所以不能向他们索取劳务报酬"①。《世界人权宣言》也明确指出："人人都有受教育的权利，教育应当免费，至少在初级和基本阶段应如此。初级教育应属义务性质。"《中华人民共和国义务教育法》（以下简称《义务教育法》）第二条明确规定："实施义务教育，不收学费、杂费。"

　　义务教育的普及性，指的是义务教育的对象是全体适龄儿童，而不是部分适龄儿童。《义务教育法》第四条规定："凡具有中华人民共和国国籍的适

---

① 弗里德曼. 资本主义与自由 [M]. 张端玉，译. 北京：商务印书馆，1986：84.

龄儿童、少年，不分性别、民族、种族、家庭财产状况、宗教信仰等，依法享有平等接受义务教育的权利，并履行接受义务教育的义务。"

2. 义务教育省级统筹的含义

(1) 统筹、省级统筹、省级政府统筹

按照杨纪珂的观点，统筹学发端于我国，在春秋战国时期所涌现的诸子百家之说和齐门稷下之议中，有相当一部分可归于这个领域。[①] 但关于统筹含义的具体表达，据现有资料，最早见于著名数学家、中国科学院院士华罗庚教授撰写的《统筹法话本》一书中。华罗庚教授明确指出："统筹就是统一筹划。统筹方法就是用于工农业生产计划和工程施工过程中的一种科学管理法。"[②] 华罗庚进而明确了统筹方法的四个方面的内容，即调查、揭露矛盾、注意矛盾转化和总结。[③] 刘天禄在其编著的《统筹学概论》中指出，统筹是对被管理对象的整体全局所做的统一筹划。[④]

从字面意思上讲，"统"即为管理者对总体范围中各类信息进行的全面收集、系统分析与择取选用，有顶层设计之意；而"筹"是指为实现某种期望目标，依据主客观条件确定相应实践活动的思维过程；所谓统筹，就是在面临多个任务时，通过重组、优化等手段合理安排管理流程，提升管理效率的一种思想与方法。

参照统筹的含义，省级统筹指的是以省为单位进行统筹规划的一种管理思想和方法。所以，省级统筹是就统筹单位或统筹地区[⑤]而言的，或者是就统筹范围而言的，即统筹不是市（州）、县层面上的统筹，而是以省为单位进行的统筹。

而省级政府统筹则是就统筹主体而言的。刘天禄认为，从组成上讲，统筹主体一般是由有权对客体总体活动的筹划和实施做出决策的本级主事者和

---

① 杨纪珂. 统筹经济学初步 [M]. 北京：中国致公出版社，1994：12-15.

② 华罗庚. 统筹法话本 [M]. 西安：陕西人民出版社，1975：4.

③ 同② 4-5.

④ 刘天禄. 统筹学概论 [M]. 北京：中国商业出版社，1995：34.

⑤ 关于统筹单位或地区，比如《国务院关于建立城镇职工基本医疗保险制度的决定》（国发〔1998〕44号）提出，基本医疗保险原则上以地级以上行政区（包括地、市、州、盟）为统筹单位，也可以县（市）为统筹单位，北京、天津、上海3个直辖市原则上在全市范围内实行统筹（以下简称统筹地区）。所有用人单位及其职工都要按照属地管理原则参加所在统筹地区的基本医疗保险，执行统一政策，实行基本医疗保险基金的统一筹集、使用和管理。铁路、电力、远洋运输等跨地生产流动性较大的企业及其职工，可以相对集中的方式异地参加统筹地区的基本医疗保险。

辅助决策者所组成的群体。① 因此，省级政府统筹指的是以省级政府作为主要统筹主体，对统筹对象的总体活动的筹划和实施进行决策。省级政府统筹表明了省一级是由省政府统筹，而不是由中央政府、市（州）政府、县政府或其他各级各类行政组织和其他社会组织统筹。

（2）教育统筹和省级教育统筹

教育统筹是就统筹对象或统筹客体而言的。刘天禄认为，统筹客体就是统筹的产出作业实体。它可以是一项任务（如卫星发射、三峡工程等），可以是一个涉及面广、综合性强的专门化问题（如住房统筹、医疗保险社会统筹等），可以是机构或业务建设（如学校设置、专业设置、课程配置等），可以是区域建设（如特区建设、城市建设、环渤海地区建设等）。② 所以，教育统筹就是对教育活动进行统一筹划的一种思想和方法。作为培养人的社会活动，教育活动的开展离不开人、财、物、技术、信息、制度等要素资源③，以及由这些要素资源有序、无序地流动或相互作用而组成的复合体。这些组成的原始方面均来自教育活动的外部，包括统筹主体和统筹环境④的要求。由于外部对教育活动的作用并不是完全确定不变的，这使得由影响教育活动开展的诸要素组成的各个方面均不同程度地包含着相对稳定和相对变化的部分。其中相对稳定的部分，有着由行政隶属关系、业务逻辑关系和法定组织关系构成的组织结构支撑，而这种组织结构本身的稳定性又是由获得外部认可的稳定事业取向来确保的，这决定着教育活动的相对稳定部分具有比较突出的系统特征和管辖的作用，是既可持续控制又可科学料理的部分。教育活动组成中相对变化的部分，则往往存在于参与教育活动的各类组织（包括个人）的松散的关系之中，由于其可能具有不同的事业取向，因而其稳定性缺

① 刘天禄. 统筹学概论［M］. 北京：中国商业出版社，1995：141.

② 同①145.

③ 一般认为，教育的基本要素有三个，即教育者、受教育者和教育措施。参见：王道俊，王汉澜. 教育学（新编本）［M］. 北京：人民教育出版社，1999：29. 本研究中的教育活动的要素是从教育活动得以持续开展的基本保障角度而言的。鉴于研究能力有限，本研究只将教育活动中的人、财、物以及与人、财、物供给和需求相关的管理方面的内容作为分析对象。

④ 关于统筹环境，刘天禄认为，广泛意义上的环境指不包括主体、客体在内的所有外部环境，即一般意义上的大环境。但统筹没有必要也不可能涉及大环境的全部，它只涉及与客体存在输入关系、输出关系和输入输出关系相关联的必要和可能部分，即只涉及与客体内在相容性、内在事业取向及其相互匹配存在关联关系的必要和可能部分。参见：刘天禄. 统筹学概论［M］. 北京：中国商业出版社，1995：155.

乏必要保障。相对变化的部分具有比较突出的松弛特征，是不可控制只可管辖的部分，并且唯有通过科学料理才能不同程度地被管辖。例如，教育活动开展的横向协作在本质上是不可控制的，但通过某种程序化的科学料理和法定方式，可以纳入可管辖的范畴。可见，尽管教育活动组成的相对稳定部分和相对变化部分都是可以管辖的，但其管辖权及其程度是极不相同的。相对稳定部分是通过其内在的可控性辅以科学料理来获得必要而又充分的管辖权的，因而其稳定性有着必要和充分的保证。而相对变化部分则是通过科学料理且辅以某种法定含义的人为规定来获得一定程度的管辖权，因而其稳定性缺乏可靠保证，难以避免其变化或失控。鉴于稳定性是教育活动的内在生命力和外在实力的存在基础，因此保持教育活动组成的稳定部分，对于教育活动开展来讲是不可或缺的。当然，这并不意味着这种稳定部分中的各元素是一成不变的。事实上，伴随教育活动外部状况的改变，这种稳定部分的组成也必须做适当调整，以与外部变化状况相适应。

在对区域教育统筹概念的理解上，董泽芳以华罗庚的统筹概念为基础，把区域教育统筹视为一种思想、一种方法，但更主要的是促进区域教育改革与发展的行为。区域教育统筹主要包括四个方面的内容：区域教育为什么要统筹？区域教育统筹什么？区域教育由谁统筹？区域教育应怎样统筹？[①]

基于以上分析，我们可以将省级教育统筹界定为省级政府对省域范围内的教育改革与发展进行统一筹划的一种思想和方法。不难看出，这一概念明确了教育统筹是在省级政府这一主体的主导下进行的，统筹的客体为省域范围内的教育活动。需要说明的是，按照前面的分析，省级教育统筹应该是从统筹范围的角度对教育活动统筹做出的规定。考虑到概念的完整性和我国政策的表达习惯，本研究中的省级统筹的主体即为省级政府，因而除特别指明外，本书中的省级教育统筹指的就是省级政府教育统筹。

关于省级教育统筹的内容，教育部给出了明确的解释与说明，即省级政府教育统筹是我国教育管理体制改革的重要内容。省级政府教育统筹的内涵主要包括以下几个方面：一是根据国家标准，结合本地区实际，合理确定各级各类学校办学条件、教师编制、成本分担等实施标准；二是统筹省域内义

---

① 董泽芳. 区域教育统筹与发展 [M]. 武汉：武汉工业大学出版社，1995：57-58.

务教育发展规划，统筹安排财力，依法落实发展义务教育的财政责任，强化省级政府在发展义务教育方面的支出责任和对省级以下政府财政的转移支付能力；三是统筹省域内普通高中教育和中等职业教育的协调发展，促进普通高中和中等职业学校合理布局，支持行业、企业和社会力量举办职业学校和职业培训机构；四是完善以省为主管理高等教育的体制，合理设置和调整高等学校及学科、专业布局，依法审批设立实施专科学历教育的高等学校，审批省级政府管理本科院校学士学位授予单位和已确定为硕士学位授予单位的学位授予点。[①]

（3）义务教育省级统筹

结合上述分析，所谓义务教育省级统筹就是由省级政府对全省义务教育改革与发展进行统一筹划的思想与方法。或者说，义务教育省级统筹是省级政府运用统筹的方法来促进本省义务教育改革与发展的思想和行为，义务教育省级统筹是实现省域内义务教育优质均衡发展的重要手段和措施。广义而言，在贯彻实施《义务教育法》和严格执行中央政府关于义务教育改革与发展的大政方针的前提下，省域义务教育的人、财、物以及与人、财、物相关的供给需求管理都应该是统筹的内容。

由此可以看出，义务教育省级统筹首先是一种发展义务教育的思想和方法，也是义务教育发展顶层设计的思想和方法，同时也是省级政府在贯彻执行中央关于义务教育发展的方针政策的前提下，结合本省的实际情况，为提高本省义务教育资源配置效率、提升办学水平、提高教育质量、促进义务教

---

① 教育部. 省级教育统筹 [EB/OL]. [2012-09-09]. http：//www.moe.gov.cn/publicfiles/business/htmlfiles/moe/s6811/141494.html. 关于省级统筹的内容，教育部原副部长郝平认为主要包括如下几个方面：省级政府要在中央统一领导下，全面贯彻党的教育方针和国家的教育政策，自主确定教育发展目标、规划和重点，切实履行教育改革、发展和稳定的职责。要统筹推进省域教育现代化，围绕国家 2020 年教育现代化基本实现目标，提出本地区加快实现教育现代化总体方案、路线图和时间表。要统筹推进各级各类教育，按照学历教育和非学历教育协调发展、职业教育和普通教育相互沟通、职前教育和职后教育有效衔接的总体要求，构建体系完备、灵活开放、立交沟通的终身教育体系。要统筹城乡教育发展，健全城乡教育发展一体化体制机制，加快实现基本公共教育服务均等化。要统筹教育与经济社会协调发展，坚持教育与经济社会发展规划、实施、考核"三同步"，适度超前部署教育发展。要统筹保障教育经费投入，把教育作为财政支出重点领域予以优先保障，扩大社会资源进入教育领域的途径，加大对区域内经济欠发达地区支持力度。要统筹推进教育综合改革，研究确定本地区教育改革重点难点，优化省直部门教育职能配置、工作流程，严格教育绩效管理，强化教育督导。参见：郝平. 切实加强省级政府教育统筹 [EB/OL]. [2015-03-01]. http：//www.gov.cn/gzdt/2013-11/26/content_2534923.htm.

育发展而采取的统一筹划活动。

二、相关概念辨析

与义务教育统筹相关的概念主要包括"义务教育协调""义务教育管理""义务教育行政""义务教育规划"等，以下将逐对加以辨析。

1. 义务教育统筹与义务教育协调

要明确义务教育统筹与义务教育协调的区别与联系，首先要明确统筹与协调的区别和联系。

关于统筹，前文已经给出了界定。统筹就是在面临多个任务时，通过重组、优化等手段合理安排管理流程，提升管理效率的一种思想与方法，或者说是统筹主体对统筹对象或客体活动的统一筹划的一种思想或方法。按照《辞海》的释义，协调可作为形容词和动词，作为形容词的语义是"配合适宜"，作为动词则是"使配合适宜"的意思。结合美国行政学家古利克的解释，协调可理解为，使组织各部门之间工作和谐而步调一致，共同实现组织的目标，是一种使工作的各个部门互相联系起来的极为重要的一项管理职能。据此，教育协调就可以理解为，使参与教育活动的各部门之间相互联系并且工作和谐而步调一致，共同实现教育发展目标的一项重要的教育管理职能。①结合蒋作斌和桑锦龙对教育协调发展的理解，这里的教育协调可理解为狭义上的教育协调，广义上的教育协调则是指教育与社会经济发展的协调。借鉴狭义的教育协调的含义，可以将义务教育协调理解为，为实现义务教育发展目标，使参与义务教育活动的各部门之间相互联系、工作和谐、步调一致的一项管理职能。

---

① 关于教育协调发展，蒋作斌认为，从宏观层面看，教育的协调发展主要包括两个方面：一方面是教育与政治、经济、科技、文化等各项事业发展的协调，另一方面是教育内部的各种关系的协调。从中观或微观层面看，教育的协调发展主要涉及学校教育系统内部的各种关系的协调。他认为，教育的协调发展应该包括教育发展与经济社会发展相协调、教育发展与人的全面发展相协调、教育发展的结构性协调、教育发展的区域性协调、教育发展的要素性协调和教育发展的制度性协调。桑锦龙认为，教育协调发展主要是指构成教育发展的诸因素合乎规律的变化、其形成的结构有机统一并与经济社会发展需求处在良性互动时的状态，是教育发展合目的性与合规律性的统一。教育协调发展主要包含两个方面：一是从内部看，主要是指构成教育发展总体的诸要素间保持均衡，教育的内部结构有效支撑教育功能的实现；二是从外部来看，指的是教育与社会经济发展相适应。参见：蒋作斌. 论省域教育协调发展 [J]. 教育研究，2006（10）：49-54；桑锦龙. "教育协调发展"内涵初探 [J]. 教育学报，2010（2）：30-35.

通过比较，我们可以看出义务教育统筹和义务教育协调二者都有促进参与义务教育活动的各部门协同工作进而实现义务教育发展目标的含义。义务教育协调是义务教育统筹的重要内容和目标，义务教育统筹作为发展义务教育的一种思想和方法，其重要的内容和目标就是要实现参与义务教育活动的各部门的精诚合作，即各部门工作的协调。当然，二者的区别也是十分明显的，具体表现在以下方面。

一是二者的主体不同。无论是广义的义务教育协调还是狭义的义务教育协调都无明确的主体，或者说主体具有多元性。协调义务教育与社会经济发展在国家层面上主体应该是中央政府和国家教育行政部门；在参与义务教育活动的各部门的协调上，主体可能是各级政府，也可能是各级教育行政部门、中心学校或学校校长等。就狭义的义务教育协调而言，更多的时候是参与教育活动各部门之间通过沟通交流甚至是部门人员间的私人关系而实现的。相比义务教育协调，义务教育统筹的主体是较为明确的。就我国目前的情况来看，义务教育统筹的主体应该是省级政府。尽管义务教育省级统筹还存在诸多问题（这也是本研究需要厘清的问题），但相关规定是明确的。

二是二者的内容或对象不完全相同。义务教育协调主要是指参与义务教育活动的各部门工作上的协调，是义务教育统筹的一个内容而非全部。因为义务教育统筹除了要协调好各部门工作外，还需要进行义务教育均衡发展理念和思想的统筹，以及义务教育改革措施的统筹，等等。因此，相比较而言，义务教育统筹的内容更加广泛，还包括义务教育发展的顶层设计、义务教育规划、义务教育决策等方面的内容。

2. 义务教育统筹与义务教育管理

按照《教育管理辞典》的解释，教育管理是国家为贯彻教育方针，实现培养目标，而对教育系统所进行的计划、组织、控制等一系列有目的的、连续的活动。它包括两大部分。一是教育行政管理，其主要内容有：贯彻教育方针，推行教育法令，拟定教育规章，编制教育计划，审核教育经费，任用教育人员，视察、指导和考核所属教育行政单位和学校的工作，处理各项教育工作上的问题，等等。二是学校管理，其主要内容有：学校管理体制，学校管理过程和方法，学校思想政治工作、教学、科研、生产劳动、体育卫生、人事、保卫、总务、财务、图书仪器以及其他各项工作的管理等。① 据此，我们可以将义务教育管理理解为，国家为贯彻落实发展义务教育的方针政策，实现义务教育的培养目标，对义务教育所进行的计划、组织、控制等一系列有目的的管理活动。义务教育管理包括义务教育的行政管理和义务教育学校管理。

比较"义务教育统筹"和"义务教育管理"这两个概念可以看出，首先，义务教育统筹和义务教育管理都是依据国家关于义务教育改革与发展的政策法令开展的活动，即两者活动的前提相同；其次，两者涉及的内容有重复的地方，如义务教育规划的制定与实施；最后，两者的目标也具有一致性，都是为了提高义务教育资源配置和利用效率，减少资源浪费，进而实现义务教育发展目标。义务教育统筹是义务教育管理的重要内容之一，良性的义务教育统筹有利于义务教育管理目标的实现；反之，有效的义务教育管理必然促进义务教育统筹的良性运转。显然，义务教育统筹在理论研究和实践上更关注顶层设计和机制建立，强调系统的策划和整体的效率。

但是，义务教育管理与义务教育统筹的区别也是很明显的。

一是内容不同。义务教育管理的具体内容十分庞杂，除了义务教育行政管理和义务教育学校管理，还包括对促进和实现义务教育均衡发展的法律法规及政策执行的监督、修正等，以及义务教育学校就实现有限稀缺的义务教育资源配置的公平与效率而实施的计划、组织和控制行为。

而义务教育统筹主要关注义务教育的人、财、物供给的相关部门（就我国而言，义务教育教师的聘用涉及教育行政部门、编制部门、人力资源与社会保障部门等；义务教育经费供给与分配涉及教育行政部门、财政部门、编制部门、发展规划部门等；义务教育物质资源供给与配置涉及教育行政部门、教育信息管理部门、教育装备部门等）之间的协调一致。宏观层面上包括中央政府及其各部门在义务教育发展规划和人、财、物供给与配置方面的协调沟通，以及中央政府与省级政府的协调沟通；中观层面上包括省级政府及其各部门之间，以及省级政府与市（州）、县地方政府的协调沟通；微观层面上主要是指县级政府各部门之间、县级政府及其相关部门与教育行政部门和

---

① 李冀. 教育管理辞典［M］. 海口：海南人民出版社，1989：6.

义务教育学校的协调沟通。

二是主体不同。义务教育管理的主体是十分明确的。如我国《义务教育法》第七条和第八条就有明确的规定："义务教育实行国务院领导，省、自治区、直辖市人民政府统筹规划实施，县级人民政府为主管理的体制。县级以上人民政府教育行政部门具体负责义务教育实施工作；县级以上人民政府其他有关部门在各自的职责范围内负责义务教育实施工作。""人民政府教育督导机构对义务教育工作执行法律法规情况、教育教学质量以及义务教育均衡发展状况等进行督导，督导报告向社会公布。"《义务教育法》还对学生、经费保障、学校等方面的具体管理工作有明确的要求。可见，就我国而言，义务教育管理的主体在国家层面上指的是国务院，在省级层面应该是省级人民政府（包括省教育督导机构），在县级层面应该是县级政府。

而义务教育统筹的主体却不是很明确。首先，就教育部关于省级教育统筹的表述看，表面上统筹主体十分明确，即省级政府，但是省级政府和中央政府及其各部门之间的协调统一，特别是在多层级的教育行政管理体制下协调统一，是十分困难的。其次，针对具体统筹内容而言，主体也不清晰。以教师编制问题为例。教师编制需考虑多方面的因素，包括省级政府的财政支付能力、全省义务教育发展的现状及未来的发展目标、义务教育教师的结构等，但实际上，教师编制却是编制部门按照全省学生人数来确定的，至于学校结构、教师学科结构、教师年龄结构等方面并不是编制部门思考的问题。最后，省级政府与省级教育行政部门、编制部门、财政部门、人力资源和社会保障部门以及与市（州）、县政府部门的协调沟通该如何统筹，没有明确的规定和表述。

三是方式方法不同。义务教育管理运用的是行政方法，具有一定的强制性；而义务教育统筹运用的是统筹方法，不具有强制性。义务教育统筹作为一种非强制性的、没有法律约束力的行为，就我国目前的情况而言，会出现无法实现或者实施效果不好的情况。

3. 义务教育统筹与义务教育行政

关于教育行政的含义，萧宗六教授认为，教育行政是国家行政的重要组成部分，是国家通过政府的教育行政部门对教育事业进行领导和管理，因此教育行政既具有国家行政的职能，又具有一般管理的职能。教育行政的主要职能包括计划、决策、督导、评价、执法和服务①。另外，他认为教育行政是分层次的，包括中央教育行政和地方教育行政，中等及中等以下教育行政和高等教育行政。② 由此，义务教育行政从内容上来讲，应该是国家行政的组成部分，国家通过政府的教育行政部门对义务教育事业进行领导和管理。从教育行政层次上看，义务教育行政属于中等及中等以下教育行政，义务教育行政的职能包括对义务教育的计划、决策、督导、评价、执法和服务。

结合对义务教育统筹的理解，我们可以看出，义务教育行政和义务教育统筹在目标上具有一致性，即实现义务教育优质均衡发展，更具体地说，就是为了实现省域内的义务教育优质均衡发展。二者的内容也有相近的地方。从管理行为的角度而言，二者都需要对优质义务教育均衡发展的思路、规划、改革措施加以统一和规范。但二者的不同之处也十分明显。

一是二者的执行主体不完全相同。义务教育行政的主体是教育行政部门；而义务教育统筹的主体就我国目前的规定而言，不是教育行政部门，而是省级政府，教育行政部门在教育统筹过程中只是责任主体之一。

二是二者的内容不尽相同。从管理行为的角度来看，义务教育行政和义务教育统筹的内容具有重合的地方，但二者的内容并不完全相同。就义务教育行政而言，主要是在国家义务教育发展的政策范围内，对义务教育发展进行计划、决策、督导、评价、执法和服务；而义务教育统筹则主要是对义务教育的发展规划、教师队伍、教育经费、学校教学设施进行统筹，对与义务教育相关的部门责任进行划分。

三是二者实现的手段不尽相同。义务教育行政是国家行政的组成部分，因此义务教育行政有着相应的法律法规作为依据，具有强制性。义务教育行政实施往往是自上而下的，不存在平行部门的教育行政，也不存在教育行政主体与教育行政客体的沟通交流和协调。而义务教育统筹的实现，更多的是通过建立健全参与教育活动的上下级政府部门、平行部门之间的协调沟通交流机制来实现的，强制性的成分较少。

4. 义务教育统筹与义务教育规划

按照《教育管理辞典》的解释，教育规划指的是国家或地区教育主管部

---

① 萧宗六，贺乐凡. 中国教育行政学 [M]. 北京：人民出版社，1996：3，5.
② 同①4.

门就教育事业发展的目标、规模、速度，以及实现的步骤和措施等所拟定的一种比较全面、长远的计划，又称教育事业发展规划。它的主要内容包括以下四方面。

一是奋斗目标。确定各级各类学校在校生的数量和层次、专业结构以及学校数量、规模、布局等。

二是保证措施。为达到奋斗目标所需要的教师、校舍、教学设备的数量和质量。

三是投资预算。为实现奋斗目标、落实保证措施必须提供的经费数量和来源，以及分配使用方案。

四是实施计划。为实现奋斗目标确定年度发展速度，以及工作指标、方法、程序和步骤。[①] 范先佐教授认为，教育规划一般是由各级政府或教育行政部门按照国民经济发展和社会发展的总体要求以及国家关于教育的重大决策，根据教育发展的客观规律而制定的。[②]

由此，可以将义务教育规划理解为一个国家或地区为促进义务教育发展，对义务教育的发展目标、规模、速度、指标和措施等拟定的计划或纲领。义务教育规划的内容主要包括：义务教育发展的现状，包括义务教育发展的规模和水平，已经取得的成就，以及义务教育事业发展中存在的问题；义务教育的发展目标，包括根据国家或地区社会经济发展需求及适龄人口的现状，确定义务教育事业在计划期内应该达到的规模与水平以及可能的发展趋势；义务教育发展的措施，包括实现义务教育发展目标而需要的经费、人员和物质资源的保障，以及相应的发展办法和改革措施。

对照义务教育统筹，可以发现义务教育规划是义务教育统筹的重要内容之一，从义务教育规划的制定到义务教育规划的实施再到义务教育规划实施的评价都离不开义务教育统筹。正如前面已经指出的，义务教育规划的制定与实施离不开规划部门总体发展规划的设计，离不开财政部门和编制部门等相关部门在人力、经费、物质资源供给等方面的支撑。但是，义务教育统筹与义务教育规划的区别也是很明显的。

一是义务教育规划仅仅是义务教育统筹的内容之一而非全部。义务教育

---

① 李冀. 教育管理辞典［M］. 海口：海南人民出版社，1989：111-112.
② 范先佐. 教育经济学新编［M］. 北京：人民教育出版社，2010：510.

统筹除了义务教育规划的统筹，还有义务教育发展特别是优质均衡发展理念和思想的统筹，以及义务教育改革措施的统筹等内容。尽管义务教育规划中始终贯穿着义务教育统筹，但义务教育规划更多偏重于规划制定，而义务教育规划的实施更多倚重于义务教育统筹。可以说，没有义务教育统筹，义务教育规划就是一纸空文。

二是义务教育统筹与义务教育规划的主体不同。义务教育规划的主体十分明确，一般而言是特定的教育规划部门，可以是政府部门或其下属的教育规划部门，或是教育行政部门，也可以是非政府组织（或第三部门）。如1956年在秘鲁举行的美洲国家教育部长会议，提出了根据各国条件和可利用资源制定全面的教育规划的号召。此后，联合国教科文组织就开展了一系列的教育规划培训活动，出版了多部关于教育规划的书籍文献，并于1963年成立了专门的教育规划机构——国际教育规划研究所（International Institute for Educational Planning）。就具体的国家或地区而言，义务教育规划一般由中央政府和地方政府特别是教育行政部门来制定，如我国的教育发展规划都包括了义务教育发展规划，而其制定者一般是国务院和教育部；地方教育发展规划一般是由地方的教育行政部门负责制定，如在省级教育行政部门中都设有一个教育发展规划部门。而正如前文已经指出的，义务教育统筹的主体却并不十分明确，即便就义务教育规划制定而言，由谁统筹中央与省级政府和地方政府的关系，由谁统筹教育行政部门、编制部门、财政部门和规划部门的关系等，都缺少明确的规定。

综上所述，义务教育协调仅仅是管理的一个环节，强调的是在日常管理活动中各类利益相关者的关系平衡；义务教育管理更多地强调各类主体（如中央政府、省级政府和学校）对日常教育活动所实施的计划、组织、协调和控制工作；义务教育行政是义务教育管理的一个重要组成部分，是义务教育中政府部门对学校日常运行所实施的管理举措；义务教育规划主要是指对义务教育发展目标、实施路径以及改革方案的设计，而非实际的实施。义务教育统筹与上述概念质的区别在于它是一种基于政府的顶层设计，是通过调动各类资源，平衡多方关系，进而实现某一特定发展目标、解决义务教育发展某一具体问题的思想与方法。

第二节　义务教育省级统筹的理论基础

要厘清义务教育省级统筹的必要性、义务教育省级统筹的具体内容、义务教育省级统筹的主体及如何统筹等问题，需要运用政府治理理论、公共产品理论、教育公平理论和统筹学的相关理论，通过研究和分析，初步构建义务教育省级统筹的基本理论框架。

一、政府治理理论

1. 政府治理理论简述

《牛津简明词典》对治理有两种解释：一是统治方法，指统治的行为或方式；二是指运用权威进行控制或支配。无论哪种解释，治理指的就是政府统治，也就是说，治理是统治者或管理者通过公共权力的配置运作，管理公共事务，以支配、影响和调控社会。① 但正如鲍勃·杰索普（Bob Jessop）所指出的：实际上，长期以来，治理一词专用于与国家公务有关的法律的执行问题，或者指管理利害关系不同的多种特定机构或行业。② 1995 年联合国全球治理委员会（Commission on Global Governance）在《我们的全球伙伴关系》中对治理给出的定义为：治理是各种公共的或私人的机构管理其共同事务的诸多方式的总和，它是使相互冲突的或不同的利益得以调和并且采取联合行动的持续的过程。③

詹姆斯·罗西瑙（James IV. Rosenau）在《21 世纪的治理》中明确指出：治理是一系列活动领域里的管理机制，是一种由共同的目标支持的活动。罗茨（R. A. W. Rhodes）列举了关于治理的六种解释：

---

① 徐勇. GOVERNANCE：治理的阐释 [J]. 政治学研究, 1997（1）：63.
② 鲍勃·杰索普. 治理的兴起及其失败的风险：以经济发展为例的论述 [J]. 国际社会科学杂志（中文版）, 1999（1）：32.
③ 俞可平. 治理与善治 [M]. 北京：社会科学文献出版社, 2000：5.

（1）作为国家最小方面的管理活动的治理，它指的是国家减少公共开支，以最小的成本取得最大的效益。

（2）作为公司治理的治理，它指的是指导和控制组织的体制。

（3）作为新公共管理的治理，它指的是将市场的激励机制和私人部门的管理手段引入政府的公共服务。

（4）作为善治的治理，它指的是强调效率、法治、责任的公共服务体系。

（5）作为社会—控制论体系的治理，它指的是政府与民间、公共部门与私人部门之间的合作与互动。

（6）作为自组织网络的治理，它指的是建立在信任与互利基础上的社会协调网络。①

盖伊·彼得斯（B. Guy Peters）认为："政府治理是一个持续不断的过程，而且几乎可以肯定的是，只要政府存在，这一过程就永远不会停止。"②世界银行在《变革世界中的政府——1997 年世界发展报告》中指出，建立法律基础、保持非扭曲的政策环境、投资于基本的社会服务和基础设施，是每一个政府的核心使命。因为在以市场为资源配置主体的经济社会中，市场失灵必然导致社会资源的配置不可能达到最有效率的状态，为此就需要政府的干预和调节。对于市场无法提供的诸如教育、法律和秩序、国家安全等公共产品，就要通过政府来解决，也就是说，政府要解决的是通过市场不能解决或者通过市场解决而无法令人满意的问题，这也就是政府治理的范围。

俞可平认为，我国的政府治理变革不涉及基本政治框架的变动，是以政府治理或政府管理体制为重点的改革。③ 张成福认为，政府治理意味着政府对人们行使属于社会的权力。政府代表社会施政，从社会获取权力或力量，促使全体社会成员履行社会义务并使他们服从法律。同时，治理也意味着政府及其公职人员切实履行社会契约规定的条件，即保障社会利益、促进社会公共意志的实现。④ 政府治理的目的是解决公共问题，当公共问题转化为公

---

① 俞可平．治理与善治［M］．北京：社会科学文献出版社，2000：86-96．

② 彼得斯．政府未来的治理模式［M］．吴爱明，夏宏图，译．北京：中国人民大学出版社，2001：5．

③ 俞可平．中国治理变迁 30 年（1978—2008）［J］.吉林大学社会科学学报，2008（3）：6．

④ 张成福．责任政府论［J］.中国人民大学学报，2000（2）：75．

共政策问题的时候，政府部门和公共管理者便面临着如何选择有效的治理原则和建立有效的治理机制问题。

可见，政府治理理论在治理理念方面的主要内容可以总结为：政府组织与非政府组织共同承担社会公共管理的责任，重构政府与公民社会的关系；重新认识市场在资源配置中的核心作用；重新整理政府组织与非政府组织的关系；从政府的完全理性假设发展到有限理性假设。而在政府治理模式选择上，彼得斯提出了市场式政府模式、参与式政府模式、弹性化政府模式和解制型政府模式四种政府治理模式。

政府治理理论的核心价值体现为：治理应该包括"权力的多主体、多中心""回应性""互动""公开""透明""法治""公正""有效"等素质，它所追求的目标是"善治"——使社会管理过程实现公共利益最大化，治理的本质是政府与公民对公共生活的合作管理。具体而言，政府治理理论的内核主要体现在如下几个方面。

一是治理主体的多元性。也就是说，社会公共生活的管理主体，不仅仅是政府，而是包括政府和得到社会公众认可的任意社会组织，治理是政府与被认可的社会组织的合作、政府与非政府组织的合作、公共机构与私人机构的合作、强制与自愿的合作。

二是治理过程的互动性。无论是家长制还是官僚制（或科层制）的政府统治都是运用政府的政治权威，通过发号施令、制定和实施政策，对社会公共事务实行自上而下的单向式管理。而政府治理理论强调国家与社会组织的合作，是一个上下互动的、双向的过程，主要通过合作、协商、伙伴关系和确立共同目标等途径和方式来实现对公共事务的管理。

三是治理范围的广泛性。政府治理涉及的范围比传统的以领土为界的民族国家管理模式要宽泛得多。治理主体的多元性表明，治理公共事务的权威主体既可以是政府，也可以是被社会公众认可的非政府的、跨国界的民间组织，因此，治理的范围既可以是特定领土界限内的民族国家，还可以是超越领土界限的国际领域。

四是治理的有效性。政府治理理论强调把企业运作模式引入政府机构，重塑政府。也就是要求政府管理过程中必须考虑管理成本，提升政府管理的绩效。

　　为了践行政府治理理论，就需要一套合理和完善的并具有可操作性的政府治理机制。主要包括如下几个方面。

　　——参与机制。政府治理主体的多元性，要求确立一套使政府以外的各种主体以多种形式、多种渠道广泛参与公共事务治理的制度规范。允许政府以外的各类主体通过包括投票、信访、质询、参加听证会、在媒体上发表意见、提供信息和咨询建议，单独或与政府部门（或其他主体）合作管理公共事务或提供公共服务等形式参与公共事务的治理。

　　——问责机制。政府治理的问责机制就是要通过确立相应的法规制度，使政府部门和其他被赋予公共权力的社会组织有义务向特定主体解释说明他们的行为，并愿意和主动接受后者的质询，对其要求做出相应的回应。

　　——监督机制。促进政府治理改进离不开强有力的监督机制。政府治理的监督机制包括对行使公共权力、参与公共事务管理和提供公共服务的特定组织和个人的行为过程、结果进行监督的有关主体，规范化的监督途径和方式以及一整套监督制度。

　　——公开机制。政府治理的公开机制指的是通过将行使公共权力、参与公共事务的管理主体，包括政府和被公众认可的社会组织的信息和行为毫不隐瞒地告知公众，增加管理主体信息和工作行为的透明度，以满足社会公众的知情权。公开机制是成本低廉、操作简单而又能提升政府治理水平的良方。

　　——沟通机制。政府治理过程的互动性是指政府治理过程中要尽力促使相关各方达成共识，而达成共识有赖于良好的沟通。良好的沟通不仅要在参与治理的各主体间实现，在治理主体与各利益相关方之间也需要较为充分的协调沟通。

　　2. 政府治理理论与义务教育省级统筹

　　按照政府治理理论的相关内容并结合义务教育的性质，为所有适龄儿童公平接受教育和义务教育优质均衡发展提供保障是政府不可推卸的责任。政府是一个整体，或者说是各级政府的一个"集合"。事实上，世界上绝大多数国家的政府都是多级结构，各级政府在义务教育中的作用范围需要加以划分和区分。作为地方最高行政机关的省级政府，对包括义务教育在内的地方公共事务管理和公共产品的供给等负有首要责任。正如蒋作斌指出的，在我国教育发展运行体系当中，省域教育是国家教育体系的一个缩影，具有教育结构体系的完整性；在国家法律法规和政策许可的范围内，省级处于承上启下的教育决策与管理层次，对本省教育有较强的自主决策权、调控权和管理权，具有发展上的相对独立性。因此，解决省域范围内教育发展中的问题，省级统筹一方面有可能单独取得突破，另一方面能够为全国教育发展提供经验和奠定基础。①

因此，由于义务教育发展受制于经济、科技、物质等多个因素的制约，所以至少在相当长一段时间里，不可能实现全国的优质均衡发展，这对于我国而言是一个不争的事实。义务教育优质均衡发展的路径只能是由县域内的优质均衡到省域内的优质均衡，进而实现省际优质均衡。因此，省级政府统筹义务教育发展是一个不二的选择。

据此，政府治理理论为义务教育省级统筹提供了两个方面的理论支持。

一是政府治理理论为义务教育省级统筹的必要性提供了理论支撑。政府治理的实质就是要破除家长制和官僚制的强权政府、全能政府、低效能政府，打造除了政府外的其他社会组织，包括企业、社会团体、个人等参与公共事务管理的新格局。这种格局能避免政府的"一股独大"和"一言堂"，要求政府在促进义务教育优质均衡发展中必须在相关政策的制定及实施中，明确社会团体等非政府组织和个人的主体地位，认真听取相关建议，允许社会组织和个人发挥主体作用，为义务教育的优质均衡发展做出贡献。

二是为义务教育省级统筹提供了方法论的指导。政府治理理论提出了政府在进行公共事务管理的同时，要建立问责机制、参与机制、公开机制、监督机制和沟通机制。对于义务教育省级统筹而言，就是在多元主体共同参与的前提下，要求省级政府和被赋予处理义务教育发展相关事务的权利主体，向实施义务教育的教育机构、义务教育阶段的学生及其家长、社会公众解释说明相关政策及行为，接受质询并做出回应；要及时向实施义务教育的教育机构、学生及其家长、社会公开相关权利主体的信息，充分满足他们的知情权；要构建整套完善的、操作性强的监督机制，包括机构设定、监督事项、监督措施和监督反馈等，并要建立完善的追责机制和惩处机制；还必须建立良好的协调沟通机制，包括上下级政府的纵向沟通机制，政府与非政府组织、

---

① 蒋作斌. 论省域教育协调发展 [J]. 教育研究，2006（10）：49.

义务教育实施机构、学生及其家长的协调沟通机制，以及同级相关行政部门、各义务教育机构等方面的横向协调沟通机制。

二、公共产品理论

1. 公共产品理论概述

按照美国经济学家萨缪尔森（Paul A. Samuelson）经典的解释，公共产品就是将该商品的效用扩展于他人的成本为零，因而也无法排除他人共享。[①] 判断一种产品或服务是否为公共产品，只需要看其是否具备受益非排他性（non-excludability）和消费的非竞争性（non-rivalness）这两大特征。受益的非排他性是指在技术上没有办法将拒绝为之付款的个人或厂商排除在公共产品的受益范围之外。消费的非竞争性是指某物品在增加一个消费者时，边际成本为零，即在公共产品数量一定的情况下，将其多分配给一个消费者的边际成本为零。[②] 同时具备上述两个特征的物品是纯公共产品，两个特征都不具备的是私人产品，只具备一个特征的是准公共产品。

公共产品的特点决定了公共产品供给不能采用市场机制。这是因为：在私人物品的生产和供给中，厂商等经济体会以自身利益最大化原则和供需的价值规律进行生产和消费的决策和选择。只要预期可以获得收益，他们就会生产和提供这类私人产品。但是，公共产品的非竞争性特征，则意味着增加一个人消费引起的边际成本为零，按照价格等于边际成本的资源有效利用原则，对公共产品的消费就不该收费。然而，这并不意味着新增加消费者的边际成本为零，也就是说，为新消费者提供公共产品并非不需要成本。在这种情况下，如果公共产品由市场提供，供给者为补偿自己的消费支出，就会对该公共产品的使用收费。一旦收费，就会阻止人们消费这种物品。因此，完全由市场提供公共产品可能导致公共产品的供给不足。

因此，这就决定了公共产品供给的四个主要特点：

一是公共产品的供给主体只能是政府。公共产品的特点决定了为全社会提供公共产品是政府一项重要的职能。也就是说，公共产品的供给能力主要是由政府通过税收、财政预算等途径的财政投资形成，政府应该是公共产品

---

① 萨缪尔森，诺德豪斯. 经济学 [M]. 16版. 萧琛，译. 北京：华夏出版社，1999：29.
② 黎民. 公共管理学 [M]. 北京：高等教育出版社，2003：273.

的最大投资人。如果由市场提供公共产品，就不能保证有效的公共产品供给。

二是公共产品的规模供给。与一般生产和生活中需要的私人物品不同，公共产品是大众需求、大众消费。公共部门一般不可能为单个的消费者提供特殊的服务。因而无论公共产品的消费者有多少，公共产品都是一种面向大众的规模供给。公共产品供给的规模性决定了资本投入的规模性，一般单个资本进入公共领域往往会无能为力，因而政府在公共产品供给方面不仅有义务，更有优势。

三是公共产品的无差异供给。因为公共产品的供给是以大多数人的利益为价值取向的，不是也不可能是单个消费者的特殊的消费品。所以，公共部门必然是大规模、标准化地生产公共产品，难以考虑消费者的个性特点，这就决定了公共产品基本上是单一结构，而且几乎只有一种比较固定的消费模式。

四是公共产品的非均衡供给。公共产品的价格可以调节需求，但一般难以调节供给，也就是说，公共产品常常难以实现供给与需求的平衡。公共产品的供求均衡点几乎是找不到的，公共产品的供给总是会滞后或超前于市场需求。

2. 公共产品理论与义务教育省级统筹

按照义务教育的含义和特点，结合公共产品的基本特点，我们认为，义务教育应该是纯公共产品[①]，因为义务教育的免费性、强制性和全民性的特点决定了其产品属性就应该是纯公共产品。因而义务教育省级统筹也应该以公共产品理论为基本理论支撑。

一是从义务教育供给方面来看，供给主体只能是政府。政府通过税收、财政预算的途径筹集资金，将这些资金投入教育部门来形成义务教育的供给

---

① 关于义务教育的产品属性的理解，有着不同的观点。包括米尔顿·弗里德曼、大卫·N.海曼等国外学者，以及王善迈、劳凯声、齐守印等国内学者认同义务教育是公共产品（纯公共产品），也有学者认为义务教育是因由政府提供这样一种制度安排成为公共产品，或者说义务教育是公共提供的私人产品，还有学者从义务教育外部性的范围方面将义务教育界定为地方性公共产品。具体内容可参见：孟航鸿．关于义务教育的公共物品属性研究 [J]．财政研究，2009（3）：20-21. 斯蒂格利茨在分析公共产品时就将教育作为私人物品的例子，他认为教育的排除成本很低，并且额外一个人使用这种物品的边际成本很高，虽然它是由公共部门提供的，但是就纯公共产品的严格定义而言，它不是纯公共产品。参见：斯蒂格利茨．经济学 [M]．梁小民，黄险峰，译．2版．北京：中国人民大学出版社，2000：141.

能力。需要说明的是，政府作为义务教育的供给主体，并不是说政府是义务教育的生产者，也不是说政府是义务教育的唯一供给者，也可以是政府组织以外的社会认可的社会团体、民间组织、慈善组织或个人。从生产层面上讲，义务教育的生产形式可以有两种：第一，由私人所有者来生产。这些私人生产者服从竞争法则，受其所获价格的引导来进行义务教育的生产和供给。当然，为了维护义务教育的机会公平，国家需要通过实施强制性的政策，为接受义务教育的适龄儿童或家庭提供现金或凭证，实现获得义务教育的机会最大限度的公平。第二，由政府拥有的生产机构来生产，并服从相应的约束和监督。对此，亚当·斯密曾指出："一国的教育设施及宗教设施，分明是对社会有利益的，其费用由社会的一般收入开支并无不当。可是，这费用如由那直接受到教育利益宗教利益的人支付，或者由自以为有受教育利益或宗教利益的必要的人自发地出资开支，恐怕也是同样妥当，说不定还带有若干利益。"① 萨瓦斯（E. S. Savas）也认为，在教育这类产品的供给中，政府既可以扮演生产者和服务安排者的角色，也可以将教育产品的供给承包出去，由市场提供而政府来购买。②

此外，关于由哪级政府提供义务教育的问题，徐文、吴宏超等学者分别从教育产权和教育产品属性的角度提出了个人的理解。徐文认为，从教育产权的角度看，因为义务教育是纯公共产品，因而其产权安排应该是国有产权，国有产权就意味着义务教育的供给应该完全由中央财政买单。③ 而吴宏超则认为，因为义务教育是地方性公共产品，因此其供给应该由地方政府买单。④ 本书认为，政府在义务教育中的作用范围，需要在各级政府间进行划分。义务教育的责任和权力在各级政府间如何划分，是由各国历史、政治等许多因素决定的。总体来看，大致可划分为三种模式：集权、分权和集权与分权相结合的模式。⑤ 集权模式就是由中央政府完全承担义务教育的供给，分权模式则是由地方政府完全承担义务教育的供给，分权与集权相结合模式则是由

---

① 斯密．国民财富的性质和原因的研究：下卷［M］．郭大力，王亚南，译．北京：商务印书馆，1974：375.
② 中国教育与人力资源问题报告课题组．从人口大国迈向人力资源强国［M］．北京：高等教育出版社，2003：401.
③ 徐文．教育产权论［M］．武汉：湖北人民出版社，2007：116，122.
④ 吴宏超．我国义务教育有效供给研究［D］．武汉：华中师范大学，2007：5.
⑤ 陈振明．公共管理学［M］．北京：中国人民大学出版社，2003：57.

中央政府和地方政府共同承担义务教育的供给。这仅是理论上的分析。从世界各国的实践来看，义务教育财政体制的安排都未采取纯粹的集权或纯粹的分权这两种极端的形式，国家间的区别总是集中在高层政府与基层政府承担教育财政责任及比例的大小上。

由此，作为纯公共产品的义务教育的供给主体，要依据具体的国家、具体的财政体制和具体的义务教育需求而确定。例如，对于面积只有 2.02 平方千米，人口仅有不到 4 万人的摩纳哥而言，义务教育供给应该由中央政府负责；而对于拥有 30 多个省份 14 亿多人口的我国而言，如果完全由中央提供，特别是在各地财政能力不一致的情况下，那只能是低水平的供给。此外，对于义务教育适龄人口逐年减少或者很少的国家而言，无论由中央政府还是地方政府负担都是可行的。只有一个原则，那就是一定要保证所有的适龄人口都能接受义务教育。考虑到上述因素，目前我国的义务教育供给最适合的方式应该是由中央政府和地方政府（省级政府）共同提供。

在我国，省级政府处于承上启下的关键地位，绝大多数省级政府财力集中程度高于省级以下的基层政府，在省域内公共产品的供给方面有着不可推卸的责任。根据 1994 年分税制改革后中央政府和地方政府的事权划分，省级政府要承担辖区内各项公共事业的正常运转。但在义务教育的供给上，大部分省级政府并未发挥其应有的作用，其角色只是一个"二传手"，即向下传达中央政府的要求，转移分配中央下达的转移支付资金，或按照中央政府的要求提供部分配套资金。当省级以下的政府无法完全提供义务教育时，通常都没有制度化的解决方式和手段，省级政府或要求基层政府自己化解困难，或将难题提交给中央。这样一种局面，一方面使省级以下政府承担的义务教育责任相对其财力来说显得过多而力不从心，另一方面就是直接导致了省域内义务教育供给的不充分以及义务教育供给水平的差异日渐扩大。

有鉴于此，要保证我国义务教育供给的充足并实现均衡发展，就必须对包括中央政府在内的各级政府在义务教育供给方面的责任关系进行调整。从我国财政收入分配的格局和长期的实践来看，实行省级统筹，让省级政府成为义务教育供给的最主要的财政责任承担者是明智的选择。这一点在我国的《义务教育法》中也得到了明确的体现。《义务教育法》第四十四条就明确规定："义务教育经费投入实行国务院和地方各级人民政府根据职责共同负担，省、自治区、直辖市人民政府负责统筹落实的体制。"

二是义务教育的规模供给。义务教育的规模供给包含两层含义：第一，义务教育是大众需求、大众消费的，政府不可能为单个的消费者提供特殊的服务，因而无论义务教育的消费者有多少，都是一种规模供给。第二，义务教育供给的规模决定了义务教育资本投入的规模，一般单个资本进入公共领域往往会无能为力，因而政府不仅有义务，更有其优势来提供义务教育。

三是义务教育的无差异供给。政府经济行为的目标一般是以大多数人的利益为价值取向，义务教育不会也不可能成为单个受教育者的特殊用品。政府一般大规模、标准化地供给义务教育，难以考虑受教育者的个性特点，所以义务教育基本上是单一结构，几乎只有一种比较固定的消费模式。义务教育无差异供给要求政府在提供义务教育时，对于不同地区不应该存在差异，在经费的提供上应该是一致的，而不应该存在城市多、农村少等分层次的投入和供给。

三、教育公平理论

1. 教育公平理论概述

在教育公平研究领域，比较著名的两位学者是美国的詹姆斯·科尔曼（James. S. Coleman）教授和瑞典的胡森（Torsten Husen）教授。

1966 年，美国国会授权霍普金斯大学的社会学教授科尔曼调查了美国4000 所学校的 64 万名学生的平等教育机会问题，最终形成了《教育机会均等的观念》报告，简称《科尔曼报告》。科尔曼认为，教育公平是历史发展的必然要求，他提出了教育公平的四条标准：一是进入教育系统的机会均等，即提供免费教育，使劳动力的教育程度达到入职要求，为所有儿童提供共同的课程，并让这些具有不同背景的儿童在同一学校学习。二是参与教育机会均等，即不同社会出身的组别，有相同比例的人，得到同样的教育机会。他们无论在数量和质量上都得到相等的教育参与机会。三是教育结果均等，即每一性别每一社会阶层都有一定比例的人，从每学年的教育进程和整体的教育经验中得到相似的教育成效。四是教育对生活前景机会的影响均等，即通过教育克服人的出身、性别等差别，让不同社会阶层、性别的人取得同样的社会成就。[①]

胡森认为，平等首先是一个起点。每个人都有不受任何歧视开始学习生涯的机会，至少是在政府所办的教育中平等开始其学习生涯的机会。其次，平等可以是一个中介性的阶段。也就是说，不论人种和社会出身情况，每一个人都应得到平等的对待。在这方面，一是使每个人在法律面前一律平等；二是制定相应的社会政策，以确保每个人都有收入或者有最低限额的生活补助；三是建立统一的学前教育系统或学校教育系统，以便不加歧视和没有其他限制地对待所有儿童。最后，平等可以是一个总目标。教育面前机会平等可以被视为一项目标，或者被看作一组指导原则。在制定和施行教育政策时应纳入一些措施，以使教育机会更加平等。[②] 此外，胡森还提出了教育机会均等的不相容性概念。在胡森看来，教育机会均等的不相容性主要体现在两个方面：一是生来的不平等。从遗传学的角度出发，人与人之间的不平等生而有之，人在出生后最初几年里，是在遗传和社会地位方面都有所差别的父母的抚养下成长的，所以要实现教育机会均等是极为困难的。由于平等与遗传差异之间的不相容性，以同样的方式对待每一个儿童并不是平等。真正的平等应该使每个儿童都有相同的机会得到不同方式的对待。二是社会对分工要求过高、过细及专业性过强与教育机会均等之间明显地形成了一种不相容性。因此，他主张教育结构应该力求统一。

综合起来看，教育公平理论的核心思想主要体现在如下几个方面：

一是要通过法律法规和政策的制定为不同种族、性别、家庭出身等的适龄儿童提供均等的受教育机会；二是要努力实现受教育者接受教育的公平性，如在基本物质资源、人力资源和财力资源的配置上的公平；三是让所有受教育者在接受教育后能够体验均等的教育成效；四是由于教育机会均等的不相容性，应该对因遗传、家庭等因素造成的天赋不平等的儿童提供差异化的帮助。

2. 教育公平理论与义务教育省级统筹

结合义务教育的含义和特点，教育公平理论首先要求政府为所有适龄人

① CEOLEMAN J S. The concept of equality of educational opportunity [J]. Havard Educational Review, 1968, 38 (1): 24.

② 胡森. 平等：学校和社会政策的目标 [M]//张人杰. 国外教育社会学基本文选. 上海：华东师范大学出版社，2009：159-161.

口——不分种族、性别、地区和天赋的适龄人口提供平等接受义务教育的机会。正如美国哲学家罗尔斯所言：在社会的所有部分，对每个具有相似动机和禀赋的人来说，都应当有大致平等的教育和成就前景，那些具有同样能力和志向的人的期望，不应当受到他们社会出身的影响。[①] 这一目标需要政府以法律法规的形式加以明确，并且对于违反相关法律法规的人员进行处罚，即要以法律法规的形式保障义务教育的机会公平这一基本目标的实现。关于这一点，包括我国在内的世界诸多国家都以《义务教育法》等法律法规的形式进行了规定，在此不再赘述。

其次，教育公平理论要求政府为所有接受义务教育的适龄人口提供无差别的、均等的包括人、财、物方面的教育资源。也就是说，政府应当为接受义务教育的适龄儿童及提供义务教育的教育机构提供均等的财力支持、人力资源配置和教学设施。对此，美国经济学家弗里德曼的"教育券（Educational Vouchers）"思想就直接反映和体现了这一要求。所谓教育券是指："为了对政府所规定的最低限度学校教育提供经费，政府可以发给家长们票证。如果孩子进入'被批准的'教育机关，这些票证就代表每个孩子在每年中所能花费的最大数量的金钱。这样，家长们就能自由地使用这种票证，再加上他们所自愿添增的金额向他们所选择的'被批准的'的教育机关购买教育劳务。"[②] 这一思想的核心内容就是要强化政府在义务教育供给中的责任，特别是中央政府的基本责任——为全国义务教育学校的正常运转提供最低保障，最终目标是实现义务教育的均衡发展。

再次，教育公平理论要求政府为实现教育公平有差异地提供义务教育资源。也就是说，因为义务教育存在的教育机会均等的不相容性，政府在提供义务教育时对于弱势群体，诸如残疾儿童、家庭贫困儿童应当给予适当的倾斜和资助；中央政府在划拨义务教育资金资源（或称之为转移支付）等方面要向贫困地区适当倾斜。世界上无论是中央集权的国家（如法国），还是地

---

① 罗尔斯. 正义论 [M]. 何怀宏，等译. 北京：中国社会科学出版社，1988：73.

② 弗里德曼. 资本主义与自由 [M]. 张瑞玉，译. 北京：商务印书馆，1986：87. 这里需要说明的是，弗里德曼提出的教育券思想是基于当时美国政府对教育的国家垄断，导致了整个美国教育质量的下降，而提出应该由包括私立机构介入教育的思想。本文借鉴弗里德曼的这一思想，重点则在于强调政府应该保障义务教育这一公共产品所需的人、财、物的基本标准。

方分权的国家（如美国），都建立了比较完善的义务教育转移支付制度。①

最后，就义务教育的省级统筹而言，中央政府有着义不容辞的责任，特别是对于省级区域经济发展不平衡的国家而言，中央政府必须以转移支付和其他专项补助的形式，尽量缩小省际义务教育投资的差异，特别是集权制国家，应该给予省级政府发展义务教育的一些政策倾斜。省级政府也应该做好两方面的工作：一是在分配义务教育资源，包括中央政府的转移支付资金方面，应该向贫困的市、县倾斜；二是要为缩小贫困地区与经济发达地区、义务教育发展不足地区与义务教育充分发展的地区之间的差异，进行政策方面的倾斜和指导。

四、统筹学的相关理论

1. 统筹学基本理论概述

关于统筹的含义，前文已经做了介绍，简而言之即为统一谋划。统筹，更多的是一种方法。也就是说，统筹是在面临多个任务时，通过重组、优化等手段合理安排工作（管理）流程，提升工作（管理）效率的一种思想与方法。统筹方法②提供给我们一种解决复杂问题的方案，其本质是一种安排工作进程的数学方法，应用的关键是抓住主要环节，合并次要环节，这样可以帮助我们缩短工时，提高工作效率。长期与华罗庚先生共事的徐伟宣、计雷、陈德泉三位数学家对统筹学的解释为：统筹学是数学与社会科学交叉的一个学科分支，研究如何在实现整体目标的全过程中施行统筹管理的有关理论、模型、方法和手段。它通过对整体目标的分析，选择适当的模型来描述整体的各部分、各部分之间、各部分与整体之间以及它们与外部之间的关系和相应的评审指标体系，进而综合成一个整体模型，用以进行分析并求出全局的最优决策以及与之协调的各部分的目标和决策。③ 刘天

---

① 刘泽云. 西方发达国家的义务教育财政转移支付制度 [J]. 比较教育研究, 2003（1）: 35-40.

② 关于统筹方法，有人认为，它是对一项工程、一项任务（生产、科研等）、一项工作、一项活动从全局出发，进行"统筹兼顾、全面安排"，以达到多快好省地完成任务的一种科学方法。统筹法与优选法一样都是寻求最优化的方法。统筹法主要用于生产和科研的计划管理和组织方面，是寻求对工作最优化安排亦即最合理的最好的安排的一种工具。参见：四川省邮电管理局科技处. 统筹法应用初步 [M]. 北京：人民邮电出版社, 1981: 1.

③ 刘天禄. 统筹学概论 [M]. 北京：中国商业出版社, 2004: 34.

禄认为，统筹学是专门研究其对象得以切实成为具有强盛生命力的统一体而展开统一筹划活动所需的本质、观念、关系、规律、思路、方法、手段和归宿评价的学科。①

关于统筹的内容，刘天禄认为，因为统筹是要使其对象成为具有强盛生命力的统一体，而这种统一体是由主体、客体、环境组合而成的，所以，统筹就应该是对人、时空及其匹配所做的统一筹划。而统筹对象的生存发展状况，无一例外地取决于相容性、事业取向及其匹配的统一状况，所以，对相容性、事业取向及其匹配所做的统一筹划也是统筹的主要内容之一。并且统筹对象的生存发展，无一例外地受制于成功、优化、良性循环相统一的状况，所以在某种层面上可以说，统筹就是对统筹对象的成功、优化和良性循环及其匹配所做的统一筹划。②

关于统筹的特征，刘天禄总结为内在复合性、价值兼容性、载体协调性和整体统一性四大特征。③

内在复合性指的是统筹对象组成的成分（元素、要素）取舍和关系组织，统筹对象的边界框定，以及统筹目的的具体确立和演化，它们都是以相容性和事业取向的统一及其复合状况为基础展开的。所以，统筹的内在复合性是统筹及其对象的基本特征，体现了统筹对象内在价值的统一性。

价值兼容性指的是作为被管理对象的统一体，其诸多关系并非单一朝向或单一性质联系的关系，而是刚柔并存、纵横交错、取向复合的网络型关系，包括确定型或随机型、模糊型的关系，刚性或弹性联结的关系，纵向或横向联系的关系，单向或多向结合的关系。这些在性质和联系上千差万别的诸多关系集合的成效价值表现，就构成了统筹对象价值形态的多维性。统筹的高明之处恰恰在于确认良性循环和恶性循环有众多的兼容性，尤其注意对两类循环的交汇点或交汇环节的把握，创造条件确保其维持和转化。这样，整个循环局势就可以自然地适应主干事业取向的需要。

载体协调性指的是一切统筹都是在一定的人与时空结合的范畴内展开的，都是以人与时空结合作为统筹内容的核心载体运行的。这意味着，无论是统

---

① 刘天禄. 统筹学概论 [M]. 北京：中国商业出版社，2004：42-43.
② 同①38-43.
③ 同①51-59.

筹还是统筹对象实践，都是以人与时空的协调状况为核心加以展开的。所以，统筹的载体协调性是统筹及其对象的基本特征，它体现出统筹对象核心条件的统一性。

整体统一性指的是统筹最终就是要实现内在复合、价值兼容性和载体协调性的统一。因为人与时空的统一是促进内在要求转化为外在标志的核心条件，而外在标志（即成效价值）又要经受核心条件的检验才能完全切实。这既是整体的统一性的具体反映，也表明整体统一性的实现是一个循环过程。

为了保证统筹得以实现，统筹学确立了四个统一准则：（1）在组成形式上坚持主体、客体、环境相统一的准则，并以此作为筹划的起始点和归宿；（2）在核心依据上坚持人与时空相统一的准则；（3）在组成内容上坚持相容性与事业取向相统一的准则；（4）在价值实现上坚持成功、优化、良性循环相统一的准则。其中的相容性包含了可控及不可控但可管理的情况；事业取向包括价值取向和对策取向的统一。而为了保证四个统一准则的实现，统筹的实施要根据利益调和、互补共进、功业和谐的各自需要而分别以统筹研究、统筹规划、统筹安排三个阶段来展开。从技术实现的角度来讲，每个统筹又先后按"理事"和"理用"两个层次展开。"理事"在于清理事情本身，判断此事该不该做，此事要达到什么目标才真正有利于实事、实体的生存发展，明确其构成状况，以达到组织合理化要求；"理用"则在如何办事方面，尽可能做出比较完整的优化安排，以达到计划优化的要求。

2. 统筹学基本理论与义务教育省级统筹

根据义务教育的含义和特点，义务教育活动本身就是一项极为复杂的系统活动，其中涉及一个国家或地区的政治、经济、文化和科技发展水平，涉及人口特别是适龄人口、教育体系结构、教育发展水平等诸多因素。因此，要实现义务教育的良性发展必然需要统筹规划。就义务教育省级统筹而言，可以分为三个层次。

一是宏观层面的政治、经济、科技、文化与义务教育的省级统筹。这是由义务教育发展的外部影响因素决定的，这一点将在下面的相关内容中加以详细分析。简而言之，省级义务教育统筹离不开一个国家的政治体制，离不开国家和省级的财政能力，离不开国家和省级科技发展的需求及供给水平，离不开重视教育的文化传统的支持，等等。

二是中观层面的义务教育与中等教育及高等教育的统筹。中观层面的统筹主要是义务教育、中等教育和高等教育三级教育在资源配置方面的统筹，以及义务教育在规模、质量、结构上与中等教育的统筹。

三是微观层面的义务教育自身的省级统筹，主要包括统筹规划义务教育发展中的教育目标、教育规模、教育结构、教育模式、学校布局、教育与教学改革等问题。诚然，省级义务教育统筹还应该包括省级政府与中央政府、省级政府各相关部门、省级政府与地方政府、省级政府与学校等方面的统筹，而这一点正是本书重点研究的内容。

当然，既然将统筹学的基本理论作为义务教育省级统筹的理论基础之一，那么，在义务教育省级统筹过程中，在遵照义务教育基本特征并以实现省级义务教育优质均衡发展目标的指引下，必然要遵循统筹学的基本原则和准则，以统筹的基本方法来开展义务教育的省级统筹。

第三节　义务教育省级统筹的影响因素

前文分析了义务教育统筹的内容等方面，其中已经部分提及了影响义务教育省级统筹的因素。这里基于中国实情具体探讨义务教育省级统筹的影响因素。一般而言，影响义务教育省级统筹的因素包括三个方面：一是宏观层面上的国家的政治、经济、文化、科技体制以及教育行政管理体制，本书只探讨教育行政管理体制；二是中观层面上的义务教育管理的外部结构，主要是分析中央政府与地方政府的基本架构对义务教育省级统筹的影响；三是微观层面上义务教育管理的内部结构，主要是省级层面的横向部门权限划分对义务教育省级统筹的影响。除上述影响因素外，义务教育中公办学校与民办学校之间的协调发展、学校与社会环境之间的协调发展、学校内部学科之间的协调发展同样也对统筹产生影响，这里就不一一研究了。

一、教育行政体制

1. 教育行政体制的分类

教育行政体制亦称教育行政管理体制，是国家行政体制[①]的重要组成部分，指的是一个国家的教育行政组织系统或国家对教育的领导管理的组织结构形式和工作制度的总称。它主要由教育行政组织机构的设置、各级教育行政机构的隶属关系及相互间的职权划分等构成。[②] 教育行政体制必然受到一个国家的政治、经济制度的影响，不同的政治、经济制度决定了其相应的教育行政体制。

教育行政体制的类型[③]依据划分标准不同而有所区别。根据教育行政权力的划分及行使方式的不同，教育行政体制可以划分为集权制和分权制。集权制指的是教育行政权力集中于中央政府或上级教育行政部门，而省级及以下各级政府和教育行政部门没有或少有自主权，省级及以下各级政府发展教育所采取的一切措施手段都必须依据中央的要求或规定，而不能有任何改变。分权制是指省级及以下地方政府和教育行政部门在其管辖范围内，对教育发展拥有完全的独立权力，中央对省级及以下地方政府和教育行政部门在权限内的教育事项不加任何干涉。

根据教育行政的领导体制即教育行政组织中最高决策者的人数来划分，教育行政体制可以划分为首长负责制和合议制。首长负责制是指政府组织法定的最高行政决策权和责任由一人承担的制度。合议制指的是政府组织法定的最高行政决策权力和责任由集体承担的制度。

按照统一领导层级的各机关或同一机关的各构成单位接受上级指挥、控制的程度的不同，即上下级的隶属关系的不同，教育行政体制可以划分为完整制与分离制。完整制指的是同一层级的各机关或一个机关的各构成单位所受上级的指挥监督，完全集中于一位行政首长或单一的机关。凡是同一层级

---

① 国家行政体制指的是中央和地方各级政府的行政组织系统和工作制度。它为社会的政治、经济所决定，一旦建立就制约着国家的政治与经济。参见：陈孝彬．教育管理学［M］．北京：北京师范大学出版社，2005：131.

② 陈孝彬．教育管理学［M］．北京：北京师范大学出版社，2005：131.

③ 教育行政体制的类型指的是国家以什么方式来干预教育活动，即教育行政组织的形态。参见：陈孝彬．教育管理学［M］．北京：北京师范大学出版社，2005：132.

的各机关或机关的各构成单位所受上级的指挥监督不集中于一位首长或单一机关的称为分离制。①

2. 教育行政体制对义务教育省级统筹的影响

教育行政体制对义务教育省级统筹的影响是十分明显的，这里仅就集权制和分权制对义务教育省级统筹的影响加以分析。

就集权制和分权制的行政管理体制而言，集权制可能预示着义务教育省级统筹完全不可能实现或根本没有必要。因为集权制下省级政府和省级教育行政部门完全没有自主权，只能依照中央政府的指示和命令来管理义务教育，即便是实施义务教育省级统筹也是中央政府强加给省级政府的，因此省级政府缺乏动力，只是应付了事或者只是按照中央政府和上级教育行政部门对义务教育省级统筹的要求"依葫芦画瓢"，不求有功但求无过。在这种情况下，即便中央明确了义务教育省级统筹的内容、方式方法和要达到的目标，但因为信息不完全和信息不对称，即中央不可能完全了解和掌握省级义务教育发展的包括规模、结构、学生、学校布局等在内的具体情况，义务教育成本及义务教育财力资源分配情况，仍然无法有针对性地制定出符合每个省份义务教育发展实际的发展策略，而且义务教育发展策略贯彻实施的主体还是要落实到省级政府，如此，在集权制的教育行政体制背景下，义务教育省级统筹可能只是一句空话。

当然，这并不是说在集权制的教育行政体制下，义务教育发展实行省级统筹就完全不可作为。上面的分析仅限于严格的集权制教育行政体制。集权制的教育行政体制有着有利于统筹全局、规划教育事业的发展等优越性。②对于义务教育省级统筹而言，中央政府可以在全国就实施义务教育进行统筹安排，包括提出义务教育优质均衡发展的国家标准（如义务教育学校校舍和设备设施的基本标准、生均经费的基本标准、教师编制等），提出义务教育优质均衡发展的基本路径（包括义务教育优质均衡发展的措施、阶段任务及进程安排等）。此外，中央政府还可以通过转移支付支持义务教育的省级统

---

① 关于教育行政体制各类型的具体内容，系根据陈孝彬著作的内容整合而成。参见：陈孝彬. 教育管理学 [M]. 北京：北京师范大学出版社，2005：132-134.

② 陈孝彬认为，集权制教育行政体制有利于教育政策的统一，有利于统筹全局、规划教育事业的发展，也便于调节各地教育发展的不平衡，有利于统一办教育的标准，保持全国教育发展的整体水平。参见：陈孝彬. 教育管理学 [M]. 北京：北京师范大学出版社，2005：132.

筹，缩小地区之间义务教育发展的差异，通过履行督导和行政监控职能保证义务教育总体发展目标的实现。

相比集权制教育行政体制，分权制教育行政体制更有利于义务教育省级统筹的实现。在分权制教育行政体制下，地方具有充分的自主权，可以因地制宜地发展义务教育，可以充分发挥地方政府特别是省级政府的主动性、积极性和创造性。具体而言，相比中央政府，省级政府更清楚本省义务教育发展的现状，包括规模、结构、教师配置、适龄人口情况和学校布局等，也十分明确本省教育财政特别是义务教育财政的支付能力。所以，相比中央政府，省级政府在义务教育发展方面拥有较为充足的信息，可以提出适宜本地经济和义务教育发展水平的具体规划，并能较好地付诸实施。

当然，这也并不是说分权制的教育行政管理体制就一定有利于义务教育省级统筹的实施。因为分权制教育行政体制也有短处：权力过于分散会带来对教育事业的领导与管理上的政令不统一、地方各行其是等问题，这种情况就容易导致教育发展上的盲目混乱，教育行政的整体功能难以发挥。就义务教育省级统筹而言，有的省份主要领导没有或有较低的义务教育投资偏好，对义务教育发展只有口头重视而无实际投资，甚至将本应投资于义务教育的经费挪用，或是将义务教育投入的责任下放至市（州）、县。由于权力分散，省级政府无法很好地协调省级相关部门的关系，包括省级教育行政部门、发展改革委、编制部门、财政部门、组织部门、人力资源社会保障部门，如此就无法真正满足义务教育优质均衡发展对人、财、物的基本需求，义务教育省级统筹也就成了一句空话。

综上可以看出，教育行政体制对义务教育省级统筹的影响十分明显。无论是集权制还是分权制的教育行政体制，都需要处理好中央与地方政府的权限和职责划分问题，协调同级政府相关部门的权、责、利，只有如此，义务教育省级统筹才能得以真正实施。具体而言，按照政府治理理论，集权制的教育行政体制需要给省级政府一定的统筹义务教育发展的自主权，中央政府可以通过法律法规和经济手段等杠杆，保证义务教育省级统筹的有效实施。按照公共产品理论和教育公平理论，中央政府除了大政方针政策和发展规划的制定及监督责任外，还有一个重要的责任就是一定要在财政投入预算中单列义务教育经费，这是由义务教育纯公共产品的属性决定的；同时，对于经济欠发达的地区，要通过转移支付等专项补助的形式提供财政资助，这是教育公平的基本要求。根据统筹学理论，还要注重对义务教育的相容性、事业取向及其匹配的统一筹划，要坚持义务教育统筹的主体——省级政府与义务教育接受者及本省实际的经济文化环境统一的准则，坚持实现本省义务教育优质均衡发展和良性发展的准则，避免"假、大、空"、"大跃进"和盲目攀比，造成资源浪费。

二、义务教育管理的纵向结构

义务教育管理的纵向结构指的是上级即中央主管部门的结构及省级政府以下各级管理部门的结构。这里重点分析前者。就我国而言，义务教育管理的外部结构主要指的是对省级义务教育实施管理的包括国务院、教育部在内的上级部门的结构情况，以及财政部等与义务教育发展相关的部门和机构的结构情况。国务院和教育部是义务教育省级统筹的上级行政部门，根据《中华人民共和国宪法》第八十九条的规定，国务院是我国最高教育行政组织，而教育部是国务院下属的专门性的教育行政组织，是国家教育行政的执行机构。目前教育部共设有 26 个司局机构，与义务教育直接相关的司局有政策法规司、发展规划司、人事司、财务司、基础教育司等近 10 个司局，几乎占了教育部下属行政机构的半数。这里选取财务司和基础教育司的职能加以分析和说明。

教育部财务司的职能：参与拟订教育经费筹措、教育拨款、学生资助的方针、政策；承担统计全国教育经费投入情况的有关工作；负责直属高等学校和直属单位国有资产、预决算、财务管理和内部审计；参与义务教育保障机制经费、有关教育专项经费管理；参与利用国际金融组织等对我国教育贷款的立项工作。[①]

教育部基础教育司的职能：承担基础教育的宏观管理工作，拟订推进义务教育均衡发展政策，拟订普通高中教育、幼儿教育、特殊教育的发展政策；会同有关方面提出加强农村义务教育的政策措施，提出保障各类学生平等接受义务教育的政策措施；会同有关方面拟订义务教育办学标准，规范义务教

---

① 财务司介绍 [EB/OL].[2019-10-10]. http://www.moe.gov.cn/s78/A05/moe_893/201001/t20100131_82414.html.

育学校办学行为；拟订基础教育的基本教学文件，推进教学改革；指导中小学校的德育、校外教育和安全教育；指导中小学教学信息化、图书馆和实验设备配备工作。①

此外，财政部下属的科教和文化司也与义务教育发展息息相关。据财政部网站的介绍，财政部科教和文化司的职能为：承担宣传、文化和旅游、科技、教育、体育等方面的部门预算和相关领域预算支出有关工作，提出相关财政政策建议；负责制定事业单位通用的财务管理制度，牵头制定《事业单位财务规则》；负责中央本级教育支出管理；负责国家教育经费投入状况研究分析并参与教育经费统计工作；科教和文化司下设的教育一处和教育二处具体负责包括义务教育转移支付、义务教育学校安全工程项目经费下拨、特岗教师工资补助等方面的工作。②

由上述关于中央层面的与义务教育相关的行政管理部门职能的介绍，可以得出如下结论：一是中央层面对义务教育管理的机构数量多，职能多，几乎涵盖了整个义务教育管理的方方面面；二是无论是教育部还是财政部都存在义务教育管理职能的交叉重叠现象。

由此可以看出，义务教育省级统筹的外部管理结构十分复杂。加之部门在义务教育管理职能上又存在交叉重叠现象，管理层次多，管理幅度大，这些都决定了义务教育省级统筹的复杂性。

因此，在这样一种极为复杂的纵向管理结构下，为了实现义务教育省级统筹的目标，作为统筹主体的省级政府，首先应该了解这样一个管理结构，对各职能机构的具体职能要了然于胸；其次要构建良好的协调沟通机制，包括通过网络等工具适时与相关职能部门沟通、请示和汇报；最后应该及时地准确理解上级主管部门和相关部门关于义务教育发展新的指示精神，并及时传达学习。

此外，义务教育省级统筹在纵向结构上还包括省级政府与市（州）、县政府及其教育行政部门。虽然说省级政府与市（州）、县政府及其教育行政

---

① 基础教育司介绍［EB/OL］.［2019-10-10］. http：//www. moe. cn/s78/A06/moe_892/201704/t20170405_301893. html.

② 科教和文化司主要职责［EB/OL］.［2019-10-10］. http：//jkw. mof. gov. cn/zhengwuxinxi/guanyuwomen/zhongyaozhineng/201004/t20100426_289099. html.

部门是一种上下级的行政隶属关系，上级可以采用行政命令推行义务教育统筹的各项措施，但是仅靠行政命令来推行，效果一定不会太好。关于这一点，我国有前车之鉴。如强行推行"普九"，造成了大量的"普九"债务，以及大量闲置浪费的高标准的义务教育校舍。因此，在义务教育省级统筹过程中，省级政府一定要在充分了解市（州）、县义务教育具体情况的基础上，因地制宜地制定符合地方实际情况的义务教育发展目标，并给予地方一定的自主权以提升它们推进义务教育发展的主动性和创造性，这些自主权包括教师聘用权、义务教育学制决定权、义务教育经费使用权等。同时，省级政府要充分履行义务教育统筹主体的责任，在义务教育经费拨付和转移支付等由上级部门拨付的专项资金上做到合理分配，在经费的分配上一定要做到"雪中送炭"而非"锦上添花"。

三、义务教育管理的横向结构

从省级层面来看，义务教育管理的横向结构指的是在省级层面对义务教育实施管理的行政机构的结构。这也包括两个方面：一个是指省级层次相关部门的结构；另一个是省级教育行政部门内部与义务教育发展相关的行政部门的结构。这里以湖北省为例加以分析。

湖北省政府所属的厅级单位中，包括湖北省发展和改革委员会、财政厅、教育厅、人力资源和社会保障厅，以及湖北省委机构系列的机构编制委员会办公室和省委组织部六大部门直接与义务教育省级统筹相关。为了更加直观分析，这里仅以与义务教育的"人"相关的部门的职能来加以说明。

在义务教育的"人"方面，相关的职能部门有省委组织部、编办、人力资源和社会保障厅、教育厅。

省委组织部负责教育厅以及市（州）、县教育局公务员系列教育行政人员的任免、调动、处罚等事项。

省委编办的职能包括：负责全省义务教育教职工的编制数确定工作，研究拟订事业单位分类改革、机构改革的总体方案，分类制定人员编制和领导职数标准；审核审批省委、省政府直属事业单位、省直部门所属事业单位分类改革、机构改革方案及机构编制调整事项；指导市以下事业单位分类改革、机构改革和机构编制管理工作，审核审批市以下副县级以上事业单位的机构设置、职责配置和领导职数事项；负责对拟参照公务员法管理事业单位职能审核提出意见。[①]

人力资源和社会保障厅负责全省中小学教师高级职称评定，其职能包括：负责专业技术人员队伍建设；拟订专业技术人员管理政策，健全博士后管理制度，负责高层次专业技术人才选拔和培养工作，会同有关部门组织引进海外高层次急需人才；负责全省专业技术职务综合管理和高技能人才队伍建设工作，牵头拟订深化职称制度改革的政策、措施，负责全省专业技术资格、职（执）业资格考试工作的监督管理。

教育厅下设的教师管理处、基础教育处等也承担着部分义务教育教师职称评审等相关工作。如教师管理处的职能表述为：承担全省教师队伍建设的指导管理责任；组织、指导各级各类学校教师资格制度的实施工作；负责指导、协调教师奖惩工作和中小学师德建设工作；指导全省高等学校教师培训和中小学教师、校长的培训工作；协助有关部门做好省"三支一扶"支教计划（含国家特岗计划）的组织实施、资教生的计划拟定、选派、日常管理等工作；规划、指导全省教师培训院校的教学管理和改革工作。

综上可以看出，仅就义务教育发展中的"人"这一要素而言，在省级职能部门中直接高度相关的就有四个部门，而且从上述的分析中不难看出，部门之间职能的交叉重叠现象十分明显。就教师编制而言，省委编办不可能全面了解义务教育教师需求特别是不同学科教师需求的状况，对教育部关于义务教育发展的相关政策不一定能全面透彻理解。如在 20 世纪 80 年代以前，中小学课程设置较为单一，几乎没有科学、音乐、美术等课程。随着义务教育的布局调整，学校出现了校车、寄宿学生，出于对中小学生人身安全的考虑，学校需要有保安人员等，而编办无法也可能完全不会顾及这些因素，而是按照全省事业单位编制总数或者在校学生数来确定全省教师编制总数，这也是全国范围内存在教师"总体超编、结构性缺编"的重要原因之一。就义务教育教师职称评定而言，存在省人社厅、省教育厅职能的交叉重叠现象；就义务教育行政管理人员而言，省委组织部与省教育厅职能存在交叉重叠的问题，省委组织部任命人员根据组织原则和干部任用条例，相比之下，干部

---

① 省编办职能 [EB/OL]. (2013-06-28) [2014-11-12]. http://www.hbsbb.gov.cn/bbgg/znjs/201306/t20130628_601.html.

的专业水平并不是主要的考核指标，因而往往出现"外行领导内行"的尴尬局面。

此外，在义务教育的"财""物"供给上，也存在省财政厅、省教育厅、省发展改革委等部门职能交叉重叠的问题，因而会出现一方面学校缺钱花，另一方面有钱不能花的现象。在访谈中很多县教育局领导都谈到这一点，如学校危房改造资金只能专款专用，而不能挪作他用，没有用完或者根本不需要进行危房改造的学校，资金也不能用于购买教学设备等。

有鉴于此，义务教育省级统筹中必须理顺相关部门的职能关系，为义务教育良性发展提供强有力的人、财、物支持。

除以上六大部门外，省委、省政府、省人大、省政协对义务教育省级统筹也各自承担着不同的责任。简而言之，省委对义务教育省级统筹作出决策，省级政府主要是贯彻执行，省人大通过立法为义务教育省级统筹提供法律保障，省政协通过参政议政形式为义务教育省级统筹出谋划策，省宣传部门通过媒体宣传为义务教育省级统筹营造氛围和环境，而公检法等部门则为义务教育省级统筹给予安全保障。这说明，义务教育省级统筹牵涉着相当多的部门，本书重点研究六大部门之间的关系。

第四节　义务教育省级统筹的目标与基本原则

一、义务教育省级统筹的目标

作为对全省义务教育改革与发展进行统一筹划的思想与方法，义务教育省级统筹有着具体的目标。简而言之，义务教育省级统筹的终极目标应该是实现省域内的义务教育优质均衡发展，也就是说，在观照义务教育发展规律和省域内社会经济发展等内外部环境的前提下，运用统筹方法筹划本省义务教育发展，最终实现本省义务教育的优质均衡发展。从我国义务教育发展的实际情况来看，按照《教育规划纲要》的表述，我国义务教育省级统筹的目标就是：到2020年，全面提高普及水平，全面提高教育质量，基本实现区域内（省域内——作者注）均衡发展，确保适龄儿童少年接受良好义务教育。

2020 年后逐渐缩小义务教育发展省际差异，特别是义务教育发展均衡水平较低的省份与水平较高省份之间的差异。具体而言，义务教育省级统筹的目标主要包括两个方面。

一是近景目标，即到 2020 年实现省域内义务教育发展的基本均衡。按照《教育规划纲要》提出的要求，中国教科院"义务教育均衡发展标准研究"课题组通过调研，确定包括师生比、生均高于规定学历教师数、生均中级及以上专业技术职务教师数、生均教学仪器设备值、每百名学生拥有计算机台数、生均图书册数、生均教学及辅助用房面积、生均体育运动场（馆）面积等八项指标，以差异系数作为测算均衡达标的方法，最终确定全国义务教育均衡发展的评估标准为：小学综合差异系数不高于 0.65，初中综合差异系数不高于 0.55。[1] 也就是说，到 2020 年，省域范围内的小学和初中上述八大指标综合差异系数分别不高于 0.65 和 0.55，即可认定实现了省域范围内的义务教育基本均衡。

二是远景目标，即 2020 年以后实现高水平的省域义务教育均衡发展。这里包含两个层面的意思：一是在实现省域内义务教育基本均衡，即小学和初中综合差异系数达到国家标准的前提下，进一步缩小综合差异系数，尽量做到省域内义务教育学校"校园环境一样美，教学设施一样全，公用经费一样多，教师素质一样好，管理水平一样高，学生个性一样得到弘扬，人民群众一样满意"。二是逐步缩小省际差异，最终实现全国义务教育发展的优质均衡。

二、义务教育省级统筹的基本原则

要达到上述的目标，特别是近景目标，在义务教育省级统筹中必须贯彻如下几个原则。

一是依法统筹的原则。依法统筹的原则就是要以《义务教育法》《国务院关于深入推进义务教育均衡发展的意见》《教育规划纲要》等国家发布的相关法律法规和文件为准绳，统筹全省义务教育的发展。我国不少地区在实施义务教育统筹过程中并未很好地贯彻执行这一原则。如某些省份在推进义

---

① 中国教科院"义务教育均衡发展标准研究"课题组. 义务教育均衡发展国家标准研究 [J]. 教育研究，2013（5）：36-45.

务教育均衡发展过程中，盲目撤并教学点，致使部分距离学校较远的农村适龄儿童无学可上或有学不敢上，这很显然就是由于没有严格执行《义务教育法》关于就近入学的规定而导致的。因此，在义务教育省级统筹中，省级政府特别是负责省级统筹的机构人员一定要熟悉相关法律法规，并在决策出台前，以相关法律法规为依据来检查其合理性、合法性。

二是实事求是、量力而为的原则。实施义务教育省级统筹的原因之一是省域内义务教育发展不均衡，因此，开展省级统筹要对本省各地区义务教育发展的现状、问题及原因有清楚的认识、分析和判断，不能"一刀切"，更不能提出不符合省域内各地区义务教育发展实际和可能的过高标准。如在实施义务教育省级统筹中，有一些经济较为落后、义务教育发展滞后的省份学习其他经济发达省份的做法，教师招聘要求硕士研究生学历，教学设施设备要求多媒体、电子白板、平板电脑等现代教学工具一应俱全，教学危房要求全部推倒重建，等等，结果出现了"水土不服"的状况，导致有限的义务教育经费更加紧张，使用效率低下。关于这一点，印度是一个很典型的案例。印度在整体国民经济发展水平还较低，有限的教育经费大量投入高等教育的背景下，提出实施8年免费义务教育，这一目标至今还未实现，印度很多邦和直辖区目前还只实现了5年免费义务教育。① 因此，在推行义务教育省级统筹过程中，各省要实事求是，立足于本省社会经济发展实际情况和义务教育发展的需要，有步骤、有计划地推进义务教育发展。

三是协调沟通的原则。协调沟通原则主要是指省级政府与中央政府、省级以下各级政府之间，以及与义务教育发展密切相关的六大部门之间坚持协调沟通的原则。要通过协调沟通营造一种自愿关注、自愿倾斜发展义务教育的氛围，而不是依靠行政命令强制性推行义务教育的省级统筹，否则只会导致本省义务教育发展停滞不前甚至倒退。积极的协调沟通除了能获取相关部门对义务教育均衡发展的大力支持之外，还可能获得来自经相关部门"牵线搭桥"的非政府组织甚至是国际组织的大力支持。贯彻这一原则，省级政府就需要在实施省级统筹过程中，及时有效地向中央政府及各相关部委汇报本省义务教育统筹实施的状况，特别是面临的难题，以求争取这些部门的鼎力

---

① Government of India, Ministry of Human Resource Development. Annual Report 2008-09 [EB/OL]. [2012-03-20]. http://www.education.nic.in/AR/annualreports.asp.

支持。省级政府在义务教育统筹实施过程中，在处理与下级政府包括下级教育行政部门的关系时，要慎用行政命令，多协商沟通，以融洽关系。

四是差异化原则。义务教育省级统筹中的差异化原则，简单地说，就是要处理好"雪中送炭"和"锦上添花"的关系。在教师队伍、教育投入和教学设施设备方面，要更多关注农村学校、教学点和女童等。教育公平是社会公平的重要基础。促进教育公平基本要求是保障公民依法享有受教育的权利，重点是促进义务教育均衡发展和扶持困难群体，根本措施是合理配置教育资源，向农村地区、边远贫困地区、民族地区和弱势群体倾斜。

第五节　义务教育省级统筹的主体、内容及机制

本部分要分析探讨的是前面提及的三个问题：一是谁来进行义务教育省级统筹，即义务教育省级统筹的主体是谁；二是义务教育省级统筹统筹什么，即义务教育省级统筹的内容；三是义务教育省级统筹如何做，即义务教育省级统筹的机制。

一、义务教育省级统筹的主体

义务教育省级统筹的含义明确了义务教育省级统筹的主体应该是省级政府。从政府治理理论看，治理主体有多元性。那么相关的部门与省政府的关系如何呢？

关于实施教育省级统筹的原因，众多的学者都表达了较为相近的看法，如美国经济学家华莱士·E.奥茨（Wallace E. Oates）在《财政联邦主义》一书中提出了"分权定理"，他认为，"对于某种公共产品来说……让地方政府将一个帕累托有效的产出量提供给他们各自的选民，总是要比中央政府向全体选民提供一致的产出量有效得多"[①]。

胡瑞文认为，在我国实施省级教育统筹的原因主要在于：首先，省是我

---

① 奥茨. 财政联邦主义 [M]. 陆符嘉，译. 南京：译林出版社，2012：46-49.

国地方行政建制的最高层次，是相对独立的区域经济社会发展的规划单位，省域内教育体系又相对完整，加强省级教育统筹，有利于教育与经济社会的协调发展。其次，省级政府具有较强的经济实力、资源调配能力和管理能力，而市、县政府的财政支撑能力和管理水平有限，也不可能形成自给自足的教育体系，为实现区域内教育事业规模、结构、质量、效益的统一，就必须加强省级政府的教育统筹。第三，我国地区间经济、社会、教育发展极不平衡，不同地区之间的人力需求结构、教育发展目标、办学条件标准和经费支撑能力也存在很大差异，必然要求各省级政府从本地区实际出发，提出适应自身特点的教育体制改革目标、具体模式和相关的政策举措。第四，我国财政实行中央和地方的分税制，辅之以中央政府对省级政府的财政转移支付。鉴于省域内市、县之间的经济发展和财政收入差异较大，加强省级政府教育统筹管理，有利于保障财政薄弱市、县的基本教育经费需求。①

华中师范大学的范先佐、付卫东认为，省级政府成为义务教育最主要的教育财政责任承担者，主要原因在于以下三个方面：

首先，就我国的现状而言，除部分发达地区外，其他地区的县级政府所具备的财力，是无法担负全部义务教育职能的，所以要实现义务教育的优质均衡发展，义务教育职能就不应该下放到基层政府。而且，由于我国地域辽阔，人口众多，如果由中央政府直接承担义务教育投入责任或直接面对县级政府实施转移支付是不现实的。同时，义务教育的基础信息分散在基层，难以集中。即便中央政府能够全面且准确地掌握如此庞大数量的义务教育基础信息，不经省级政府，由中央政府和县级政府直接分担义务教育责任，也不符合政府管理的一般规律，容易引发其他方面的矛盾。

其次，实施分税制后，我国大多数省级政府的财力远远高于县级政府。实行省级统筹，省级政府承担义务教育的主要财政责任，也不会对省级财政构成太大压力。而且，省级政府管辖范围内的县级政府数量相对较少，大多数省级以下的政府间财政关系也都直接到县，特别是省直管县的推行，使省级政府有比较可靠的信息和预算基础。从具体操作与管理的角度讲，实行义务教育省级统筹，也具备了可行性。

---

① 胡瑞文. 加强省级政府教育统筹 推进教育科学发展 [J]. 基础教育改革动态, 2011 (5)：25.

最后，省级政府有必要为缩小省域内义务教育发展差距而成为最主要的财政责任承担者。改革开放以来的差异发展政策不仅导致了省际社会经济发展的不平衡，而且也导致了省域内发展差异的日渐扩大，在义务教育发展方面尤其如此。解决省内义务教育差距大的根本办法是实行省级统筹。①

除了上述三个原因之外，按照统筹学确定的四大统筹准则，只有实行义务教育省级政府统筹，才能真正落实省级政府在省域范围内的责任并提升省级政府的积极性和主动性，实现省级政府、省级义务教育和省级义务教育发展环境的统一性；也只有实施省级政府统筹，才能充分了解全省、各市（州）、县义务教育需求的具体情况，最终实现省域内义务教育在人、时间、空间上的统一；也只有实施省级政府统筹，才能更好地实现省域范围内的学校标准化建设、师资队伍均衡和教育经费均衡，最终实现省域范围内义务教育优质均衡发展的目标。

以上分析说明，义务教育统筹主体虽然是多元的，但起主导作用的是省级政府。教育行政部门不能替代省级政府发挥统筹职能。提供作为纯公共产品的义务教育是政府的主要责任之一。正如苏珊娜·霍伯·鲁道夫和劳埃德·鲁道夫所指出的："我们决不会假设……世上存在着一种能够不受政治因素干预的教育体制；也决不会假设这样的教育体制是理想的。在一个民主社会里，教育机构要接受政府基金的资助，其行为方式必然会受政治的影响。"② 作为国家代言人的中央政府和省级政府理所当然地成为义务教育发展的决策者，而省级教育行政部门作为省级政府教育事业发展的代言人，其职责是贯彻执行中央政府和省级政府关于义务教育发展的政策、法律法规，是一个执行者。此外，由于其行政级别等方面的掣肘，决定了它不可能做好省级义务教育发展中统筹协调中央及省级各相关部门的工作。正因为如此，只能是由省级政府全面统筹义务教育，其他部门履行具体职责。

结合对义务教育管理的纵向结构及义务教育省级统筹主体的分析，省级以下的市（州）、县政府也应该是省级义务教育统筹主体的组成部分，但由

① 范先佐，付卫东. 义务教育均衡发展与省级统筹［C］//城乡教育一体化与教育制度创新：2011年农村教育国际学术研讨会论文集. 武汉：华中师范大学出版社，2011.

② 舒尔茨. 对人进行投资：人口质量经济学［M］. 吴珠华，译. 北京：首都经济贸易大学出版社，2002：60.

于行政级别、管理幅度和层级及财力等方面的原因，相比省级政府，市（州）、县政府在义务教育省级统筹中承担的责任和作用有较大的区别，具体的责任和作用将在本书的第七章中做较为详细的分析和阐述。

综上，义务教育省级统筹的主体是省级政府，起主导作用。市（州）、县政府及教育行政等部门，虽然也是主体，但它们是省级政府统筹下的执行主体，更多是履行执行职能。

二、义务教育省级统筹的内容

在前文对义务教育省级统筹基本理论的阐述中，已经就义务教育省级统筹的内容进行了部分的分析。关于义务教育省级统筹的内容，张怀君认为主要包括统筹制定办学标准、统筹推进标准实施、统筹教育经费的使用、统筹教师队伍管理、统筹干部教师培训、统筹民办教育发展。①

按照政府治理理论、公共产品理论、教育公平理论及义务教育的特点，围绕实现省级义务教育优质均衡发展的目标，义务教育省级统筹的内容应该主要包括如下几个方面。

1. 统筹义务教育发展规划

省级义务教育发展规划，是省级政府按照省级国民经济和社会发展的总体要求以及国家关于义务教育发展的重大决策，根据义务教育发展的客观规律而制定的。它是在对省级国民经济和社会发展现状、全省人口和人力结构现状、全省义务教育事业发展现状、全省义务教育师资队伍配置现状、全省义务教育经费收入与支出现状、全省义务教育学校办学条件现状等调查与分析的基础上，运用正确的方法对全省未来一定时期内的经济发展趋势、人口发展特别是义务教育适龄人口发展状况、义务教育发展规模、师资队伍需求以及义务教育经费情况进行预测之后编制而成②，具有科学性、权威性、可行性、连续性的特点，是全省义务教育发展的行动纲领。省级义务教育发展规划是省级社会经济发展规划的重要组成部分，因此，编制省级义务教育发展规划必须以省级社会经济发展规划为基础和指导，必须符合义务教育发展的客观规律和

---

① 张怀君. 省级政府统筹义务教育均衡发展的再思考 [J]. 天津教育，2013（2）：35.
② 关于教育发展规划编制的程序，参见：范先佐. 教育经济学新编 [M]. 北京：人民教育出版社，2010：530-533.

全省义务教育发展的实际。这是省级义务教育发展规划统筹的内容之一。

省级义务教育发展规划的编制除了以全省国民经济和社会发展规划为基础外，同时要以国务院和教育部等上级部门制定的国民经济和社会发展规划、国家整体教育发展规划为指导。因此，实现省级义务教育发展规划与整个国家社会经济发展规划和教育发展规划的一致性，也是省级义务教育发展规划统筹的内容之一。

此外，省级义务教育发展规划在制定时，还需要与省级的发展改革委、教育厅、财政厅、编办、人力资源社会保障厅等部门协调沟通。如就义务教育发展规划中的经费预测而言，义务教育经费需求是基于对义务教育经费收入和支出现状调查及对未来义务教育发展需求的预测而确定的，但如果预测的义务教育经费需求财政部门不认同，不能保证，那也只能是空预测，没有实际作用，对义务教育发展反而是十分有害的。同样，如果义务教育省级规划不顾市（州）、县义务教育发展的实际情况，闭门造车，玩简单的文字游戏，对地方义务教育发展就没有实际的指导作用和引领价值，也必然是一纸空文。

因此，统筹义务教育发展规划，需要省级政府统筹协调好中央政府、市（州）和县政府及各级规划部门、财政部门、编制部门和人社部门的关系和工作。只有这样，才能保证义务教育发展规划具有前瞻性、连续性、指导性和可操作性。

2. 统筹义务教育师资队伍

师资队伍是义务教育优质均衡发展的重要资源。没有一支稳定的、训练有素的、积极性高又可靠的教师队伍，义务教育优质均衡发展是不可能实现的。义务教育省级统筹中统筹师资队伍主要包括如下几个方面的内容。

（1）统筹全省义务教育师资队伍的编制标准

统筹义务教育师资队伍的编制标准，就是要保证义务教育学校正常运转所需的师资数量。义务教育教师数量取决于义务教育阶段开设的课程门类、义务教育适龄人口数、班级数、学校（含教学点）数。总体来说，师资队伍的编制要能保证学校开足开齐课程正常运转。

（2）统筹义务教育师资队伍的质量

统筹义务教育师资队伍的质量，指的是合理确定师资队伍的学历结构、年龄结构、专业结构等，特别是结合义务教育课程设置的情况，配置专业对口的教师，而不能只是满足数量上的要求。

（3）统筹城乡义务教育教师队伍

在对义务教育师资队伍数量和质量统筹的基础上，要实现城乡义务教育教师队伍的统筹。对于农村义务教育学校特别是处于偏远山村、教学点较多的义务教育学校，要从开足开齐课程、保证学校正常运转的需求出发，适当增加编制。

（4）统筹全省义务教育师资队伍培训

师资队伍培训旨在提升教师队伍整体素质。省级政府要注重强化全省义务教育教师队伍的培训工作，特别是对农村地区教师的培训工作，要通过培训将先进的教育教学思想和理念融入学校，缩小义务教育质量的地区和学校间的差异。

3. 统筹义务教育经费

统筹义务教育经费，笼统地说，就是要建立全省义务教育经费的保障机制，保障全省义务教育经费的充足供给。具体而言，首先是要统筹全省义务教育学校在建设项目经费、人员经费、公用经费上的标准。换言之，就是在全省义务教育财政经费拨付上要实现城镇、农村义务教育学校标准的统一、教师待遇的统一、公用经费的统一。按照政府治理理论和公共产品理论，中央政府对义务教育供给有着不可推卸的责任，中央政府在义务教育省级统筹中通过转移支付支持省级义务教育的发展，因此在统筹全省义务教育经费拨付标准的时候，应该充分考虑中央转移支付的数量，并将其纳入全省义务教育经费拨付之中。当然，按照教育公平理论的差异原则，在统筹全省义务教育拨付标准的时候，一定要对农村地区义务教育学校教师和职工适当给予一定的津补贴，这也是建立农村中小学教师激励制度的内容之一。日本要求各都、道、府、县以勤务津贴的方式为处于偏远地区的公立小学、初中的教师及职员发放偏远地区教师津贴。偏远地区津贴每月实际支付额度由工资和抚养补贴之和乘以偏远地区的偏远级别率得出。偏远地区的级别分为五级，一级率为 8%、二级率为 12%、三级率为 16%、四级率为 20%、五级率为

25%。① 韩国在 1991 年制定了提高教师地位的特例法。该法律规定实行岛屿偏远地区教师津贴，凡是工作在岛屿、偏远地区的教员都可以享受；除了津贴外，还为农村教师提供专项的培训经费，用于提升农村义务教育学校教师整体的教学水平。②

4. 统筹全省义务教育学校的教学设施标准

要统一全省义务教育学校的教学设施，如校舍（包括教室、图书室、音乐室、美术室、食堂、厕所等）、教育教学设备（图书、教具、电脑、网络多媒体等）、辅助设施设备（医疗室、教师周转房等）的配置标准。诚然，由于历史原因，义务教育学校教育教学设施配置不均衡的现象是客观存在的，所以在义务教育省级统筹过程中，可以分步实施，逐项落实，最终实现省域内义务教育学校教学设施的均衡配置。除了政府的经费拨付外，实现义务教育学校教学设施标准化，还可以通过引进社会资本、接受社会捐赠等渠道来加以解决。

5. 统筹全省义务教育相关主体的责任划分

从广义上讲，省域内的义务教育相关主体指的是与义务教育活动开展有关联的所有人和组织，包括学生及家长、义务教育学校的所有工作人员、各级政府及教育行政部门的相关工作人员，甚至应该包括为义务教育提供财、物的所有人员，还有各类相关的组织，包括从中央到地方的各级政府，各级教育行政部门，各级人大、政协、公检法、财政、人事、组织、编办等部门，及义务教育学校、社会团体等其他相关社会组织。本研究所指的义务教育相关主体是狭义的，即主要是与义务教育人、财、物相关的各级政府，以及教育行政部门、财政部门、组织部门、发展改革委、编办和人社部门。

在义务教育省级统筹的背景下划分相关主体的责任，就是要以法律、法规等制度化的形式明确各个主体的责任和义务，形成"横向到边、纵向到底、上下联动、齐抓共管"的义务教育责任体系，为义务教育省级统筹顺利并卓有成效地开展提供制度上的保障。关于省级统筹，中央政府有着较为具体而明确的规定，包括提供政策支持和转移支付等；统筹全省义务教育相关主体的责任主要是省级政府要统筹确定各部门的责任，通过签订责任书等形

式固化责任，并要确定监督的措施和手段。当然，按照权责对等的原则，在明确固化各义务教育主体责任的同时，也要明确相应的权利。

三、义务教育省级统筹的机制

《现代汉语词典》对"机制"一词的解释是"机体的构造、功能和相互关系"，"泛指一个工作系统的组织或部分之间相互作用的过程和方式"。据此，义务教育省级统筹的机制指的就是促使义务教育省级统筹中各相关部门、各相关要素相互协调，最终实现义务教育省级统筹目标的过程和方式。根据前面的分析，实现好义务教育省级统筹应建立如下机制。

1. 省级政府宏观调控机制

由于义务教育省级统筹涉及不同的利益主体，因而分歧与冲突在所难免。为了调整各方面的利益关系，就需要成立以省级政府牵头，包括省委编办、省委组织部、省财政厅、省人社厅、省教育厅和省发展改革委等部门参与的省级义务教育统筹领导机构，根据省域国民经济和社会发展的要求制定省域教育发展规划，并采用行政、经济等手段对义务教育统筹活动进行指导、调节与控制，以保证省域义务教育统筹按规划实现。除了强化领导机构的规划、指导、组织、督导等职能外，还需要综合运用多种宏观调控手段。一是宣传教育手段。动用包括电视、电台、报纸等媒体以及微博、微信等新媒体在内的一切宣传机器，大造舆论，宣传义务教育省级统筹的意义，切实使各级党政领导、各职能部门、各群众团体，以及广大人民群众提高对省级统筹意义的认识，增强统筹的自觉性与紧迫感。二是经济手段。对义务教育省级统筹过程中积极配合、做出贡献的单位和个人给予一定奖励，或在经费拨付、职称评定、奖励工资等方面给予奖励；而对于那些不配合、不能很好地完成统筹任务的单位和个人，则给予必要的惩罚。三是行政手段。尽管政府治理改革已是大势所趋，但是传统的官僚意识、部门利益意识，以及认为教育是一项消费性事业的意识等还将在一定时间内、在一些部门领导和工作人员头脑中存在，因此义务教育省级统筹尚未达到自觉程度。为保证统筹任务的落实，在义务教育师资队伍建设、经费拨付、教育教学设施配备等方面，仍然需要运用一定的行政手段加以保障。四是政策法规手段。为充分调动省级政府，市（州）、县地方政府，以及各层级相关部门的积极性，不仅需要制定各种优惠与鼓励政策，来引导和激励省域内的各部门和社会各界对义务教育统筹的大力支持，也需要制定相关政策法规进行"硬约束"，以促进义务教育省级统筹的制度化和法制化。

2. 资源均衡配置保障机制

义务教育资源均衡配置指的是与义务教育相关的人、财、物资源在各市（州）、县，城镇与农村学校，以及中心学校和教学点的均衡配置。关于省域义务教育经费、教师队伍和教育教学设施设备统筹的内容在前面已经提及，这里不再赘述。简而言之，省域义务教育资源均衡配置保障机制包含三方面内容：一是保障省域义务教育优质均衡发展目标实现的经费供给机制，包括中央政府与省政府义务教育经费分担比例的实现，实现义务教育经费的"三个增长"，保证中央政府向省级政府、省级政府向市（州）和县政府义务教育经费转移支付的常态化、制度化；二是保证全省义务教育师资队伍在数量上的充足性和质量上的一致性；三是保证省域内义务教育学校的标准化建设。最终达成省域内义务教育学校经费的充足性、师资队伍配备的一致性、学校教育教学设施设备的一致性等义务教育均衡的目标要求。具体而言，省级统筹下的省域义务教育资源均衡配置的保障机制主要包括如下三个方面。

第一，明晰中央政府和省级政府在省域义务教育发展中的投入责任。义务教育纯公共产品的性质决定了政府应该是最主要的供给者。尽管世界各国有着不同的教育行政体制，但中央政府负担部分或完全负担义务教育经费却是常态，这就需要明确中央政府和省级政府各自负担的比例。所以，在构建省域义务教育资源均衡配置的保障机制中，充分保障中央政府的投入包括转移支付是一个十分重要的内容。这就需要义务教育省级统筹机构与中央政府及相关部门协调，签订省域义务教育投入的备忘录，以确保中央政府对省域义务教育的经费投入。对于中央的转移支付，要明确转移支付的科目，省级政府必须将中央的转移支付资金完全用于义务教育，不得挪作他用。省级义务教育拨款和转移支付也应采用这一机制。

第二，制定差异化的省级义务教育资源配置政策。差异化配置义务教育资源首先体现为"补差"，即对于过去教育经费供给不足、教师编制不足和教育教学设施设备缺乏的地区，要按照全省统一标准追加供给，最终实现省域内义务教育资源的均衡配置。差异化配置义务教育资源的另一层含义指的是对于经济落后地区、义务教育发展不足的地区，要给予高出全省资源配置标准的支持，切实保证这些地区能留得住人、能吸引来人。

第三，建立多方参与、多渠道筹措教育经费的工作制度。多方参与义务教育中的"多方"既包括中央政府、省级政府，也包括市（州）、县各级政府，此外还包括企事业单位等其他社会团体和个人。省级政府除了负担义务教育外，还有中等教育、高等教育以及其他公共服务的供给，所有这些公共服务完全由省级政府负担是不现实的，也是不可能的。因此，在保证中央政府和省级政府供给的基础上，通过经济杠杆或优惠政策等激励省级以下地方政府投资、管理义务教育的积极性，或通过税收优惠等措施吸引和鼓励其他社会组织和个人投资义务教育，增加义务教育经费投入，是一个重要的措施。

3. 协调沟通机制

实现义务教育省级统筹的一个重要内容就是促使有关各方，包括省级政府与中央政府，省级政府与市（州）、县政府，省级政府各部门之间，市（州）、县政府各部门之间，以及政府各部门和义务教育学校及学生、家长之间达成共识。而要达成共识，则依赖于良好的沟通。在义务教育省级统筹的沟通媒介的选择上，除了传统媒体，包括电视、广播、报纸之外，还需要充分利用自媒体和新媒体进行有效的沟通。为了保证有效沟通的实现，要着力构建平等沟通和双向沟通的机制，而不是进行强制性的、命令式的、单向式的沟通。

4. 监督及评估机制

义务教育省级统筹的监督机制指的是对义务教育省级统筹中人、财、物供给、使用过程及结果进行监督的有关主体、规范化的监督途径和方式以及一整套监督制度。监督主体可以是设定的义务教育省级统筹机构，也可以是由该机构委派的第三方社会组织；监督内容主要是对照各方签订的备忘录，检查各方履行职责的情况，并督促没有履行职责或没有完全履行职责的有关部门加以改正，最终保证全省义务教育人、财、物供给的落实，以及人、财、物资源配置的均衡性，最大限度地发挥其效益。

义务教育省级统筹的评估指的是在省级义务教育统筹背景下对义务教育县际均衡状况的评估，重点是评估义务教育均衡配置教育资源情况，包括义务教育入学机会及教育质量的评估（适龄儿童包括进城务工人员子女、残疾儿童的入学机会以及义务教育完成率、巩固率和升学率的评估），义务教育经费拨付状况评估，义务教育学校教学设施达标率、生师比、达标学历的教师数等指标的评估，以及学生、家长和社会组织对义务教育的满意度的调查，等等。在明确评估内容的基础上，以省教育厅为评估责任主体，选聘相关专家组成评估小组；评估小组对评估内容、评估方法等开展研究，制定评估方案；评估小组通过座谈会、问卷调查、重点走访等方式获取一手资料；对获取的资料按照科学的评估方法进行评估，形成专题报告；省教育厅对评估小组提交的报告进行论证分析，分析本省义务教育省级统筹方面存在的问题原因，调整相关政策，保证省级统筹的顺利实施以及省级统筹目标的实现。

第三章
我国义务教育省级统筹的历史渊源

我国义务教育发展的历史可以追溯到清朝末年，义务教育经历了清末义务教育的萌芽阶段、民国义务教育的推进阶段和新中国义务教育的发展与普及阶段。这一百多年来，省级政府在义务教育中所承担的责任是不断变化的。但从严格意义上讲，我国义务教育省级统筹的正式提出和实施应该是在2006年《义务教育法》修订实施后才开始的。之前，省级政府在义务教育发展中主要是以管理者角色出现，因此，本研究将清末至2006年前的省级政府在义务教育中的作用界定为义务教育省级管理。

本章按时间顺序，从义务教育省级管理的主体、内容、机制和环境等方面，归纳义务教育省级管理的特征，说明省级政府对义务教育从管理走向统筹的必然性，以求以史为鉴，探索义务教育省级统筹的有效途径和方法。

第一节　清末义务教育省级管理考察

一、义务教育的萌芽阶段

在封建社会，我国一直以科举考试来代替教育管理，并没有设立专门的教育管理机构。从礼部国子监到学政、府州县学官，只是作为各级政府机构的附庸及各级政府官员的兼职，教育管理的职能比较狭窄。

1900年前后，我国教育行政发生了一系列变化，形成了从中央到地方相对完备的三级教育行政体制，建立起机构完整、职权明确的教育行政体系。

这个时期，各级政府开始意识到自身筹办义务教育的义务和责任。康有为在1898 年的《请开学校折》中提出"限举国之民，自七岁以上必入之。……其不入学者，罚其父母"①，就蕴含了强迫教育的思想。1904 年，在张百熙的推动下，清政府颁布《奏定学堂章程》，其中的"学务纲要"中首次出现了"义务教育"一词："初等小学堂为养正始基，各国均任为国家之义务教育。东西各国政令，凡小儿及就学之年而不入小学者，罪其父母，名为强迫教育。盖深知立国之本，全在于此。"这一标志性的事件预示着中国义务教育的开端。此后，全国各地逐步建立起地方教育行政机构提学使司，管理地方学务，加强了对义务教育的管理；省以下的府、州、县设立劝学所，劝学所的任务就是筹募教育经费、劝办小学，推广普及义务教育。以江苏为例，仅 1909 年一年全省各地就先后设立宣讲所 108 处，有专职宣讲员 130 人②；学部制定了一系列的法令和章程，使全国的义务教育逐步统一和规范。至此，义务教育管理进入萌芽阶段。

清末义务教育初兴，但内忧外患的环境并不能给予义务教育一个良好的发展环境。清政府试图统一筹划全国的义务教育事业，将权力集中于中央教育行政部门，但由于人力物力财力不足，只能将责任转交给地方。地方对于义务教育的投入也有限，毁学事件频频发生，统筹并不适合刚刚萌芽的义务教育。

二、清末义务教育管理的主体、内容及机制

从管理主体来看，中央教育行政机构起着核心作用。中央行政机构通过加强内部改革，出台相关政策等措施凝聚权力，中央政府作为管理主体的作用明显。地方各级教育行政机构更多地发挥了兴学、劝学的作用。清末前的教育行政体系由中央主管教育的礼部、省级学政官员以及府州县一级的儒学教官构成，但管理教育只是礼部诸多职能中不受重视的一个，其主要工作也都是围绕科举考试等各类考试来进行，其功能相对简单。戊戌变法时，梁启

---

① 毛礼锐．中国教育史简编 ［M］．北京：教育科学出版社，1984：106.
② 学部总务司．第一次教育统计图表 ［M］．台北：文海出版社，1907：446-447.

超为京师大学堂拟定章程，规定"各省学堂当归大学堂统辖"①，设立管学大臣，总理大学堂事务，大学堂成为全国实施教育管理的最高行政机关。有些地方还出现了初创的省级教育行政机构——学务处。1904 年《奏定学堂章程》的"学务纲要"规定，于京师专设总理学务大臣统辖全国学务。而京师大学堂作为统辖全国学务的中央教育行政机构已不适宜。后改管学大臣为学务大臣（首任学务大臣由担任过光绪皇帝老师的孙家鼐担任），统辖全国学务。1905 年，学部成立，学部作为中央一级的教育行政机构负责全国的教育事务。此后，全国各地逐步建立起地方教育行政机构提学使司，省以下的府、州、县设立劝学所。

从管理内容来看，中央教育行政部门的管理仅仅限于统一筹划，较少涉及资源的配置。从学部的构成来看，学部设有总务、专门、普通、实业、会计五司，其中小学教育归属于普通司管理，设有小学教育科，主要负责小学学堂的设立维持、教课规程、设备规则，以及管理员、教员、学生、地方劝学所、教育会、学堂等与地方财政发生关系的一切事务。学部在义务教育的发展方面所起到的作用，主要包括规范教科书，通过编辑和审定教科书改变了学堂教学用书混乱的现象；编制学务统计，委派专员巡视学务，制定义务教育发展规划。

从管理的机制来看，清末社会内忧外患，处于改革与动荡时期，这一时期并没有建立起真正的管理机制，只具备形式上的管理层级。中央教育行政部门更多的是制定规范性的文件，如《奏定学堂章程》（1904 年）、《劝学所章程》（1906 年）、《奏定女学堂章程》（1906 年）等。中央政府部门的主要责任是勾画全国义务教育的蓝图，通过成文的规范来引导各省积极发展义务教育。更多的与义务教育相关的实际工作往往落到省一级教育行政部门。以下围绕"学务处"和"提学使司"来分析省一级教育行政部门在义务教育中的作为。

学务处在义务教育的推行中主要承担以下两项责任。

一是通过实际措施，监督儿童入学。如湖南省学务处规定 6 岁至 16 岁的学龄儿童要接受普及教育："凡及入学之年而不入学堂罪责及父兄家长。故

---

① 陈元晖. 中国近代教育史资料汇编：教育行政机构及教育团体 [M]. 上海：上海教育出版社，1993：5.

自国家言之为强迫，自人民言之为义务。"为此，学务处通过组织专门人员入户宣传新学、劝告学龄儿童家长送孩子入学，并将学龄儿童和未到学龄的儿童一一登记注册，掌握第一手资料以检查督促学龄儿童及时入学。

二是开展兴学活动，统筹规划，兴办义务教育学校。学务处要求各州县遵照办理，促使新学普及。如时任湖南巡抚的端方设法划拨白银24000余两在省城陆续创立初等小学堂40所，并且筹款对民办学堂予以资助。如他批示给民办修业学堂每月经费补助白银350两，并明确指出："但使办理有效，皆宜力为维持，官立民立本无二致。"① 这也为官民共同兴办学校树立了典范。

提学使司在义务教育中主要承担的责任有以下两方面。

一是推动地方兴学。各省提学使司的主要责任是"辅小学教育之不及，而期以无人不学"，即专为年长失学或贫寒子弟无法入学者设立简易识字学塾，并采取各种形式来普及新式学校教育。提学使司督促地方官员在考虑本地实际情况的前提下限期举办劝学所。由于各省教育行政官员的大力游说，地方乡绅纷纷捐资兴学，推动了各省新式学堂的兴办。

二是督察各地学务。省视学巡视、督察所属的地方学务情况，再告知提学使进行统筹安排；提学使也对全省州县学务进行巡查。省视学按照提学使确立的教育检查的要求、细则，每一学期巡查一次所属区域，巡视所属区域的学生、班次、人数、课程、出入款项和官立、私立学堂教育事业的情况，稽查核实各劝学员讲习教育、推广学务等教育管理的具体事项，借此了解和把握各地教育发展的成效、存在的问题以及劝学员的功过，同时也帮助地方教育行政机构分析解决教育发展中存在的问题和困难，引导各地教育健康发展。

三、清末义务教育省级管理的特征

从以上考察可以看出，在我国义务教育萌芽阶段，义务教育省级管理的主要特征可以归纳为以下三点。

第一，中央集权制的行政体制直接导致义务教育管理体制的中央集权制，中央和地方有明晰的权责分配：中央政府主要作为政策、制度的制定者引导

---

① 抚宪端撰拟小学堂暂用章程通饬各属遵照札［N］. 湖南官报，1905-02-25.

义务教育的发展，省级政府主要作为政策推进者和日常管理者来发展域内义务教育。

第二，省级管理以督察和引导作为主要手段，对省域内义务教育的发展进行规范，省级管理机构内部形成了多部门齐抓共管义务教育的分工协作机制。

第三，由于中央集权以及对地方义务教育投入不足等问题，清末义务教育的发展频频受阻，呈现出明显的权责不对等现象。

第二节　民国时期义务教育省级管理考察

一、义务教育的推进阶段

1912 年，中华民国成立。民国教育经历了民国初期、北洋政府时期和国民政府时期，从总体上看，民国义务教育发展中出现了中央和地方分权的趋势。尽管处于比较恶劣的环境下，民国时期义务教育还是在一批有识之士的奔走下取得了一定的成就。

民国初期，政府对清朝的封建教育制度进行了改革，中央政府开始有计划地系统推进全国的义务教育，使义务教育日趋规范化、正规化，全国各地建立起新的教育制度。1912—1913 年制定的《壬子癸丑学制》规定，"小学校四年，为义务教育"，1913 年教育部还专门制定了《强迫教育办法》。1915 年，袁世凯以大总统名义颁布《特定教育纲要》，要求各省根据自身情况积极推行义务教育。依据这一规定，经费筹集、学校设置、教师培养都是由各省教育行政机构来完成，各省不断发展新式的小学，在必要的时候还组织改造私塾并将其纳入义务教育之中。省教育厅可以根据地方实际全面规划全省范围内的各项教育行政工作，督导下一级官员办理地方教育，对所属范围内的教育负有责任，其中包括推行小学教育和四年义务教育。此时的四年义务教育更多的就是由省一级来负责筹办。如南京临时政府教育部颁布的《普通教育暂行办法》和《小学令》，要求各省自行拟定小学教员设置、入学年龄、学习年限以及课程设置。义务教育学校规模取得了一定的发展。据 1916 年的统计，当时全国小学校合计高、初两等男女学校，共 106655 所，较 1911 年增加了约两倍。①

1935 年 5 月，国民政府行政院修正通过《实施义务教育暂行办法大纲》《民国二十四年度中央义务教育经费支配办法大纲》，计划在 10 年内使全国学龄儿童逐渐由受一二年制义务教育而达到四年制义务教育。1939 年 7 月 28 日，国民政府教育部公布《师范学校毕业生服务规程》21 条。其中规定："6 岁至 12 岁之学龄儿童，一律受基本教育，免纳学费。""已逾学龄未受基本教育之人民，一律受补习教育，免纳学费。"国民政府还规定："教育经费之最低限度，在中央为其预算总额 15%，在省区及县市为其预算总额 30%，其依法律独立之教育基金并予以保障。贫瘠省区之教育经费，由国库补助之。"但因战火连绵，规定并未得到真正执行。1948 年 8 月，国民政府教育部通令各省市教育厅局，遵照宪法第 164 条之规定，即教育、科学、文化经费，中央不得少于总预算之 15%，省级不得少于 25%，县市级不得少于 35%。但此时的国民党政府已是大厦将倾，相关规定也未能得以实现。到 1949 年初，全国学龄儿童入学率仅仅为 20%。②

二、民国时期义务教育管理的主体、内容及机制

从管理主体来看，民国时期的义务教育有中央集权向地方分权发展的趋势，部分省级政府及教育行政部门自觉担负起发展本省义务教育的责任。中央政府与地方政府在义务教育发展中担负起不同的责任。在教育改革的过程中，这种权力的划分处于变动之中，到民国后期，地方权力有进一步增大的趋势。蔡元培在担任教育总长时力主明确划分中央和地方的权力："专门教育，由教育部直辖分区规定，次第施行。普通教育，由教育部规定进行方法，责成各地方之教育行政机关执行，而由部视学监督之。私立学校，务提倡而维持之。"③ 1912 年 8 月，南京临时政府颁布《参议院议决修正教育部官职》，该章程规定教育部直属于大总统，掌管教育、学艺及历象事务。设教

---

① 陈青之. 中国教育史［M］. 北京：中国社会科学出版社，2009：631.
② 李梁，许桐珲. 百年教育强国梦［J］. 教师博览，2006（2）：15-17
③ 蔡元培. 向参议院宣布政见之演说［M］//中国蔡元培研究会. 蔡元培全集：第 2 卷. 杭州：浙江教育出版社，1997：164.

育总长一人，为内阁成员，属政务官；设次长一人，辅助总长，属事务官。同时将教育部内部的组织分为总务厅以及普通教育、专门教育、社会教育三司。① 1917 年，代总统冯国璋颁布了《教育厅暂行条例》，为教育厅的设立奠定了法律基础。教育厅相比提学使司更具备独立和自主的地位，教育厅厅长的权力也更大，"所有各省教育行政事项，应自各该厅长到任之日起，一律划归教育厅主管"②。1927 年，在蔡元培和李石曾等提议下，我国仿效法国教育行政制度，实行了大学区制。此后为了适应中央集权制，很快又废除了大学区制。在这样一种权力格局之下，一些省级政府因为领导者个人的见识和责任感而具备比较高的发展义务教育的积极性。如阎锡山在山西力主发展义务教育，颁布了《施行义务教育程序》，规定造就师资、调查学龄儿童、筹款设学、劝导就学、强迫就学等方面的责任，推出了分期计划进行办法，在义务教育上取得了很大的成功。从这个意义上来讲，自发的省级统筹在民国时期是存在的，这种自发性往往依靠个别行政领导的个人态度。

从管理内容来看，民国政府和中央教育部门主要负责全国义务教育发展的规划和整体的推进，主要体现在一系列的规章制度上。《壬子癸丑学制》明确规定："义务教育以留心儿童身心之发展，培养国民道德之基础，授以生活所需之知识技能为宗旨；初等小学设修身、国文、算术、手工、图画、唱歌、体操等课程，女子加设缝纫课程。"③ 民国教育部在 1912 年 9 月和 1913 年 1 月分别颁布了《审定教课用书规程》和《视学规程》，对各个阶段教科书的编辑、出版及相关的视学管理制度等进行了规定。1915 年 2 月颁布的《特定教育纲要》"总纲"第一条中就明确指出，"施行义务教育，宜规划分年筹备办法，务使克期成功以谋教育之普及"，提出了义务教育推进和发展的方式"规划分年筹备办法"——"教育部将义务教育的实施分为两期来进行，第一期拟办事项：为颁布各项规程调查各地教育现状，一以规定义务教育根本之要则，为办学之准绳；一以察核义务教育最近之状况，为整理之根据。第二期拟办事项：约分地方及中央为两部分，关于地方者，为师资之培养，经费之筹集，学校之推广；关于中央者，为核定各地陈报办法，并通

---

① 陈学恂. 中国近代教育史教学参考资料（中册）[M]. 北京：人民教育出版社, 1987: 273-274.
② 舒新城. 中国近代教育史资料（上）[M]. 北京：人民教育出版社, 1981: 379.
③ 田正平, 肖朗. 世纪之理想：中国近代义务教育研究 [M]. 杭州：浙江教育出版社, 2000: 74.

筹全国义务教育进行之程限要之。"总而言之，当时中央政府开始有计划有系统地推进全国的义务教育，使义务教育日趋规范化、正规化。中央政府更多的是作整体上的设计和指导，省一级政府拥有比较独立的管理权。当然，由于当时军阀混战，各个省份的情况并不相同，而且中央对地方的领导力也是有限的，很多时候出现地方各自为政的状况。民国时期教育厅可以根据地方实际全面规划全省范围内的各项教育行政工作，督导下一级官员办理地方教育，对所属范围内的教育负有责任。这一时期，义务教育经费供给主要是通过省级政府筹措，中央政府在义务教育经费筹措中还不占主体地位。民国初年，根据国家税与地方税划分标准，义务教育的经费由省、县地方保障，但因战火连绵，教育经费常常被挪用，难以得到保障。1925 年国民党政纲规定，为保障教育经费独立，教育经费在中央由国库支付，但这一要求没能实现；在地方，有不少省、市的教育经费独立得以实现。即使省级政府教育经费也并非由统筹实现，而是充分发挥地方的能量，义务教育的举办方式多为地方（村）、宗族捐助钱财和学田，聘师设塾以教贫寒子弟，称村塾、族塾（宗塾），也有很多知识分子个人承办一些学馆。

从管理环境和机制上讲，当时不太稳定的政局和中央与地方权力的博弈给予了各省发展义务教育的空间，但是地方政府同样因为政治、经济能力有限，除个别省份外，多数难以完全担负起统筹发展义务教育的责任，这就导致民国时期的教育管理都是通过条文规范和政策引导来推进的。各地充分利用地方的能力来发展义务教育，但资源、师资、经费等方面的统筹能力还是有限的。

三、民国时期义务教育管理的特征

从以上考察可以看出，民国时期作为我国义务教育的推进阶段，其义务教育省级管理主要有两方面特征。

第一，由于战火连绵、军阀割据，民国时期中央政府和地方政府的权责分配有进一步分权的趋势。中央政府在义务教育发展中的角色更加淡化，甚至弱化自身监督者的角色，仅扮演规划者和指导者的角色。省级政府特别是省级教育行政部门有了较大的自主权，成为实质管理者，担负治理辖区内义务教育改革与发展的重任。义务教育发展所需的人、财、物主要依靠省级政府保障，省级政府基本决定了省域义务教育的发展目标与路径。

第二，中央政府及省级政府制定了一定的义务教育规章，但缺乏整体规划；办学主体多样，办学行为也存在随意性。义务教育经费由中央、地方（省级政府）、村、民间团体及个人和接受义务教育的家庭共同分担。由于军阀混战及地方财力有限等原因，民国时期的义务教育不是强制性的，也没有得以真正实现。

第三节　新中国义务教育省级管理考察

新中国成立之后，义务教育发展主要呈现出"中央统管，分级包干；强调地方作用，以县为主，省级统筹"的发展形态。从管理体制上看，义务教育管理体制经历了由集权到分权，再到集权直至分权的变迁，省级政府包括省级教育行政部门的管理权限也历经了类似的变迁。义务教育的管理和义务教育经费的筹措等方面的责任一度下放至县乡镇，并给地方财政带来了巨大压力，使得我国不得不放慢义务教育整体推进的速度，进而出现了全国义务教育发展整体不均衡及省域内不均衡的状态。正是在这种背景下，2006 年《义务教育法》修订实施，标志着我国义务教育真正实现了由省级管理向省级统筹的转变。

根据统筹（管理）主体、统筹（管理）内容和统筹（管理）环境及机制的差异，现将新中国成立之后的义务教育发展过程分成以下三个阶段。

一、义务教育省级管理的探索发展阶段（1949—1976 年）

1949 年中华人民共和国成立之后，我国开始了探索社会主义教育的进程。1949 年 9 月，中国人民政治协商会议通过的《共同纲领》明确指出，要"有计划、有步骤地实行普及教育"。1956 年，最高国务会议通过的《1956年到 1967 年全国农业发展纲要（草案）》提出，从 1956 年开始，按照各地情况，分别在 7 年内或者 12 年内普及小学义务教育。1958 年，《中共中央国务院关于教育工作的指示》提出，全国应在 3 年到 5 年的时间内，基本上完成扫除文盲、普及小学教育的任务。在"大跃进"期间，教育遭到严重破坏，前期相对稳定的义务教育管理体制受到了严重的破坏，中小学一度被军宣队、工宣队、贫宣队以及"革命委员会"接管，各类学校停课闹革命，各级政府和教育行政部门的教育管理处于失控状态。这一时期我国义务教育处于发展阶段，是一个起伏较为明显的探索阶段。对于这一时期义务教育的考察重点集中在1949年到1966年。在这一阶段，义务教育乃至整个教育领域受苏联的集权体制影响比较明显，"全国一盘棋"的格局没有留下省级统筹的空间，国家统筹的特征非常明显。

从管理的主体来看，在新中国成立初期高度集中的计划经济体制、复杂的国际局势以及国内环境等因素的综合作用下，义务教育管理体制是高度集中和统一的。省级政府及其教育行政部门在义务教育发展中主要是执行者，并没有自主的空间。这就导致地方各级政府和教育行政部门缺乏主动性和积极性，不利于义务教育的普及和发展。随着高度集中管理的弊端逐渐出现，1958年，中共中央、国务院发布的《关于教育事业管理权力下放问题的规定》指出，要"改变过去条条为主的管理体制"。这意味着新中国成立以来义务教育的行政管理权力第一次下放。但受到1958年"大跃进"的影响，权力下放造成义务教育的不安定，让中央又作出收紧对中小学教育的管理的决策。1963年，中共中央批准公布了《全日制中学暂行工作条例（草案）》和《全日制小学暂行工作条例（草案）》，将下放给地方的教育管理权力收归中央教育行政部门。

从管理的内容来看，1952年，政务院批准颁布了《小学暂行规程（草案）》《中学暂行规程（草案）》，针对小学教育要求由教育部统一编写教学大纲、课本，确定教育标准，省、自治区、直辖市教育行政部门制定人员和经费标准，其他义务教育事项由市、县教育行政部门统一领导；中学教育由省市文教厅根据中央的规定实行统一领导。1958年《关于教育事业管理权力下放问题的规定》要求教育部将主要的精力放在研究和贯彻执行中央的教育方针和政策上，综合平衡全国的教育事业发展规划，在中央领导下协助地方党委进行政治思想工作，指导教学和科学研究工作，组织编写通用的基本教材、教科书，拟定必要的全国通用的教育规章制度。省一级政府和教育行政部门所担负的责任并没有明确的界定，但是在教育经费的筹措和使用、教材编写、学校设置方面有了一定的决定权。

从管理的机制和环境来看，新中国刚成立，百废待兴，在集中力量办大事的昂扬氛围之下，中央对义务教育主要采取的是集中管理，"全国一盘棋"的方式。1958—1963 年出现的短暂向地方放权的尝试并不成功，省级政府和教育行政部门在这个时期的功能是有限的，几乎很难对地方教育产生独立的影响能力。总体而言，在资源匮乏的情况下，当时义务教育按计划、按比例发展，采取国家集中领导、统一包办的方式，有利于教育的发展，有利于巩固新生政权。

二、义务教育省级管理从发展到普及的过渡阶段（1977—1985 年）

1978 年，十一届三中全会纠正了"左"的错误，我国教育事业进入了一个崭新的时期。就义务教育的发展而言，我国义务教育进入了发展到普及的过渡阶段。邓小平刚复出就亲自抓教育，在教育战线拨乱反正，整顿教学秩序。这一时期的主要成就之一是重新理顺教育管理体制，进入了义务教育探索的新阶段。1978 年，教育部发布的《全日制小学暂行工作条例（试行草案）》和《全日制中学暂行工作条例（试行草案）》对小学和中学的管理体制做了明确的规定：全日制小学由县（市属区）教育行政部门统一管理，全日制中学原则上由县以上教育行政部门管理；人民公社与生产大队办的中小学，在县的统一领导下，由社队管理。在维持中央权威的基础上，实行统一领导、分级管理。显然，这个阶段义务教育发展的重心在基层。

从管理的主体来看，这一时期中央统筹的格局开始转变，逐步将义务教育的管理责任下放到县乡一级政府。1980 年，国务院颁布《关于实行划分收支、分级包干财政管理体制改革的规定》，提出了分级包干的财政管理体制，这为义务教育的变革提供了条件。1985 年，中共中央颁布了《关于教育体制改革的决定》，对教育体制包括义务教育的管理体制进行了设计："实行九年制义务教育，实行基础教育由地方负责、分级管理的原则，是发展我国教育事业、改革我国基础教育的基础一环。"这就意味着义务教育的管理权下放到了地方，以县乡两级为主。

从管理的内容来看，推动初等教育的普及是这一阶段的重要任务。1980年中共中央、国务院在《关于普及小学教育若干问题的决定》中就明确提出了 20 世纪 80 年代在全国基本普及小学教育的历史任务，这一要求在 1982 年《宪法》第十九条中得以体现："国家举办各种学校，普及初等义务教育。"在实际的工作中，县、乡、公社、大队是这一任务的真正承担者。具体的政策、制度、计划、标准以及对学校的领导和管理都是县一级及以下政府的权力。农村中小学建设投资，以乡、村自筹为主。如果当地经济困难，可以向上一级政府求助。

从管理的环境和机制来看，当时的义务教育面临着较大的困难，地方政府无力保证有力的财政投入，农村集资成为乡镇政府提供农村义务教育的主要经费来源，这无疑增加了农民的经济负担。"分级包干、分级管理""以乡为主"的机制最大限度地调动了地方政府举办义务教育的能力，但不得不说这是义务教育经费极度不足的境况下的一种权宜之计。

三、义务教育省级管理的全面普及阶段（1986—2005 年）

1986 年颁布的《中华人民共和国义务教育法》，首次以法律的形式明确了实施九年义务教育，这标志着我国义务教育开始进入普及阶段。经过几年的努力，我国在事实上形成了乡镇办初中、村办小学的局面。2002 年《关于完善农村义务教育管理体制的通知》进一步明确了义务教育的管理体制，即"实行在国务院领导下，由地方政府负责，分级管理，以县为主"，县级人民政府对农村义务教育承担主要责任，这意味着义务教育的管理体制由以乡为主向以县为主转变。

从管理的主体看，这一阶段义务教育最初实际上由乡、村负责，后期随着乡镇教办的拆并和弱化，以县为主的格局真正形成。1986 年《义务教育法》确立了"在国务院领导下，实行地方负责，分级管理"的原则。1994 年《国务院关于〈中国教育改革和发展纲要〉的实施意见》对地、市政府提出了统筹义务教育的要求，县级政府在经费、人事等方面负有主要责任。2001年，为适应农村税费改革的新形势，国务院颁布了《关于基础教育改革与发展的决定》，对《义务教育法》确定的原则进一步明确，即义务教育"实行国务院领导，由地方政府负责、分级管理、以县为主的体制"。这一决定将原来的四级管理改革为三级管理并且确定了以县为主的体制。其中规定，乡村义务教育实行三级办学、两级管理的体制，即县、乡、村三级办学，县、乡两级管理；确立了多渠道筹措义务教育经费的机制。

从管理的内容来看，在乡镇负责义务教育人力、物力和财力配置的阶段，学校建设、教师工资、人事管理、教学管理等职责大部分是乡镇的职责。由于行政能力的不足，乡镇对教师队伍教育、教育质量管理以及教育资源的筹措都显得越来越力不从心，这些权力逐渐收归县一级所有。在"以县为主"的新体制之下，国务院办公厅要求县级政府负责制定本地义务教育发展规划，组织实施本地的义务教育，调整义务教育的布局，建设义务教育教师队伍，管理中小学校长、教师，合理安排管理各级承担的教育资金，建设义务教育学校校舍，改善办学条件，指导教育教学工作，维护中小学的卫生、安全，对乡镇人民政府的教育工作和义务教育学校办学进行督导。中央一级政府更多的是在宏观层面把握义务教育的发展方向，不断地激发基层政府发展义务教育的积极性。国务院教育主管部门主要负责确定义务教育的教学制度、教学内容、课程设置、审定教科书等。

从机制和环境来看，当时义务教育发展的主要困难在于财力不足。从中央到地方，各级政府财政预算用于义务教育的投入极为短缺，这就导致义务教育投入保障能力不足。国家面临着巨大的义务教育发展的任务和教育投入的财政压力，迫切需要调动地方的积极性。这种激励机制借助的是强有力的行政能力，中央由以前的包办转变为行政动员和行政监督，通过表彰和惩戒来激发地方政府的能量。典型案例是1993年开始的"两基"评估验收，中央采取会议动员、签订目标责任状、召开现场会、评估通报、阶段检查、年度总结甚至""普九'一票否决"的干部考核制度等方式，不断地增加地方政府的责任感。在这样一种机制下，各地涌现出多样化、特色化的义务教育经费筹措方式，有效地完成了普及九年义务教育的任务。这一阶段，义务教育更多地是由县乡两级政府来负主要责任的，很多工作实际上绕开了省一级政府及教育行政部门，这种体制在当时的条件下很好地激发了地方的积极性，为"普九"做出了巨大贡献。在取得成绩的同时，认识和操作中的偏差也逐渐暴露：省级政府在教育财政上的责任并不明确，有些地方县乡两级政府的财力无法支撑义务教育，更为普遍的是因为县级政府财政能力的差距太大，义务教育发展出现了不均衡的现象。

第四节　新中国义务教育从省级管理到省级统筹

从新中国成立到 2005 年义务教育发展的历史来看，这一时期义务教育管理体制表现为以乡镇为主到以县为主演变。无论是以乡镇为主还是以县为主的义务教育管理体制，都是特定历史时期的权宜之计，尽管它充分调动了乡镇和县级政府举办义务教育的积极性，为新中国成立以来国民素质的提高和巩固社会主义政权做出了重大贡献，但这种体制下的传统管理和权力分配制度不利于调动中央和地方两方面积极性，不利于根据省域的差异制定有针对性的规划，不利于缩小省域间的差别。国家也逐渐认识到在地方政府财力、管理能力薄弱和省级政府能力未得到充分发挥的情况下，以乡镇为主和以县为主的义务教育管理体制存在一系列问题，因此，"省级统筹"成为新时期义务教育发展的新方向。

2006 年，修订后的《义务教育法》出台，这是义务教育发展一个新的里程碑。修订后的《义务教育法》有一个突破在于：在以县为主的管理体制下，强化省级政府的统筹和责任，实现从"人民教育人民办"到"义务教育政府办"的转变。2007 年党的十七大明确提出，优化教育结构，促进义务教育均衡发展，这是在党的政治报告和文件中第一次提出"义务教育均衡发展"的思想，提出人人都应该有接受良好教育的机会。这也标志着我国义务教育从省级管理向省级统筹的转变。对应前文的内容，这里从统筹主体、统筹内容和统筹的机制与环境等方面加以分析。

从统筹的主体来看，强调省级统筹的作用，明确了中央和县级政府的权力界限。《义务教育法》规定，"义务教育实行国务院领导，省、自治区、直辖市人民政府统筹规划实施，县级人民政府为主管理的体制"，强调了省级政府的统筹作用，明确了县级政府的管理职责。至此，自 1985 年以来逐步下放至乡镇的义务教育管理的权力和责任，实现了向县级政府乃至省级政府的回归。

从统筹的内容来看，首先，在教育经费的筹措上，《义务教育法》出台之前的《国务院关于深化农村义务教育经费保障机制改革的通知》就要求，"省级人民政府要负责统筹落实省以下各级人民政府应承担的经费"。这一规定主要涉及的是义务教育经费的省级统筹问题，而不涉及其他各项教育管理的统筹问题。这与当时的时代背景有很大的关系。当时义务教育事业的重心在于普及工作，更多的是关注量而不是质，而经费问题恰好是影响义务教育普及的重要因素，其他与质量管理相关的问题并没有得到充分的重视，在此背景下的省级统筹其实就是省级教育经费统筹。《义务教育法》第四十四条就确定了省、自治区、直辖市政府负责统筹落实义务教育经费的体制。这一规定的出台对实现义务教育免费起到了决定性的作用。一直以来，县级政府在教育经费投入中的负担过重，难以支撑，有些区县义务教育经费缺口严重，同一省市不同县区教育投入悬殊造成教育不均衡的现象。新的体制要求省级政府对本区域内的义务教育经费作出系统规划，承担与其职能和财力匹配的义务教育经费，通过中央和省级政府对下级政府的转移支付，落实省及以下各级政府的义务教育经费，制定经费保障机制改革的各项措施。其次，省级政府统筹区域内义务教育的地位得以确立，负责统筹全省义务教育组织协调工作，制定全省义务教育总体规划，并且在规划的指导下完成相应的资源配置。比如，根据国家中小学教职工编制标准规范管理各县（市、区）的教师编制，确保区域内中小学教职工工资的发放，推进中小学布局调整，负责监督全省中小学校舍的建设和管理；负责制定本省义务教育均衡发展的政策，统筹教师队伍建设，确定课程计划，选用国家教材，审定省编教材。从 2009 年开始，各地中小学新教师的招聘全部由省级教育行政部门统一组织公开考试，通过严格的程序择优聘用。再次，义务教育省级统筹的重要内容在于推进省域内的义务教育均衡发展，特别是要努力推动农村地区尤其是老少边穷地区义务教育的快速发展。最后，2010 年《教育规划纲要》的出台意味着今后的发展趋势是全面加强省级统筹的力度，在省级教育财政统筹已经相对稳定的情况下，进一步扩大省级统筹权，尤其是加强对学校布局、教师配置、教师待遇等方面的统筹。

从统筹的机制和环境来看，义务教育省级统筹是在基层政府不堪重负的情况下提出来的长效之策，也是实现义务教育均衡发展的必然要求。《教育规划纲要》明确要求把均衡发展作为今后义务教育发展的重点任务，在县域内基本实现义务教育均衡发展的同时，不断提高省域内义务教育的均衡发展水平，努力做到办好每一所学校，教好每一个学生。但义务教育省级统筹机制建设仍旧有着较大的缺失，急切需要完善机制，保障义务教育省级统筹的目标得以实现。2011 年 3 月 9 日，教育部与北京、上海、安徽、湖南、广西、重庆等 15 个省、自治区、直辖市人民政府签署了义务教育均衡发展备忘录，共同推进义务教育均衡发展。时任中共中央政治局委员、国务委员刘延东提出，希望教育部和各地以签署义务教育均衡发展备忘录为契机，进一步明确各自职责，密切协调配合，按照备忘录上的时间表和路线图，着力推进义务教育学校标准化建设，均衡配置教师、设备、图书、校舍等资源，全面提高普及水平，全面提高教育质量，缩小义务教育差距。各地要因地制宜，创新实践，攻坚克难，扎实工作，如期完成义务教育均衡发展各项目标任务。在经费的省级统筹方面，2012 年财政部发布的《关于切实加强义务教育经费管理的紧急通知》指出，省级财政和教育部门应当按照"经费省级统筹"的原则，明确辖区内各级财政应承担的义务教育经费，落实省级财政投入。中央和省级财政、教育部门建立奖惩机制，建立义务教育经费管理使用情况通报制度，对发生的重大问题分别在全国和省内进行通报。总体而言，在义务教育省级统筹的领域，我们依然面临着建立机制和机制创新的难题，应该进一步加强义务教育领域的综合改革。

综上，从清末至今，由于不同时期的政治、经济、文化、科技等发展不同，不同时期的义务教育管理或统筹也呈现出不同的特点。总体上看，各个时期对义务教育的发展都十分重视，特别注重制定相关法律法规和条例，建设和实施相应的监督机制，对义务教育的人、财、物方面的供给都有较为明确的分工和协调。此外，从管理体制、管理内容和管理机制方面可以看出，义务教育管理或统筹的责任仅仅在各级政府和教育行政部门，包括财政等其他部门只是执行政府的相关决定，没有自主权，也更没有主动权。

就我国目前的情况而言，义务教育省级统筹尚处于探索阶段，省级政府义务教育统筹能力有限、方法论滞后，政府教育管理职能转变不到位，我国义务教育省级统筹还存在主体权责不够明确、统筹机制和措施不够健全合理等问题。

第四章
我国义务教育省级统筹现状分析

　　本章和第五章主要涉及我国义务教育省级统筹现状分析，重点研究义务教育省级统筹理论框架，找出目前义务教育省级统筹存在的问题及原因，旨在为完善我国义务教育省级统筹提出有针对性和可操作的对策建议。

　　本章运用文献研究法、问卷调查法和访谈调查法对我国义务教育省级统筹现状加以描述和分析。

　　文献研究法是本部分采用的重要研究方法之一。研究过程中，笔者系统搜集了湖北省教育厅2010—2014年有关义务教育的文件、内部材料、会议记录、领导讲话、工作报告、经验总结、工作人员笔记等材料。在对资料进行系统阅读之后，剔除了与课题无关的材料，这些材料整体上反映了湖北省在省级义务教育统筹上的得失。此外，作为对照，笔者还系统搜集了其他省份义务教育统筹的有关文献，对其他省份的义务教育省级统筹有了一定的把握。

　　问卷调查以湖北省义务教育阶段学校校长为主要对象，采用自编问卷的形式，主要调查了校长对于义务教育省级统筹的认识，义务教育省级统筹对于学校办学经费、教师队伍建设、学校管理等方面的影响。关于问卷调查和访谈的基本情况，本书第一章第三节"研究方法"部分已有说明，此处不再赘述。表4-1和4-2是问卷调查对象的基本情况，本部分中未注明出处的资料均来自调研访谈内容。

表 4-1　问卷调查对象所在学校类型

	九年一贯制学校	完全中学	完全小学	中心学校	教学点	合计	未填写	总计
人数	23	80	61	45	7	216	17	233
比例（%）	9.9	34.3	26.2	19.3	3.0	92.7	7.3	100.0

表 4-2　问卷调查对象所在学校办学条件

	优于同类学校	中等水平	比平均水平稍差	和平均水平差距大	合计	未填写	总计
人数	72	48	73	38	231	2	233
比例（%）	30.9	20.6	31.3	16.3	99.1	0.9	100.0

《教育规划纲要》颁布后，北京、上海、安徽、广东、云南、新疆和深圳 7 个省（区、市）政府开始教育统筹综合改革试点，与教育部签署义务教育均衡发展备忘录的 15 个省、自治区和直辖市及其他省份，在义务教育省级统筹试验中都已经取得了突破性的进展和体制创新成果。在这样的背景下，笔者在文献研究、问卷调查和访谈调查的基础上，对当前义务教育省级统筹现状进行了分析。

第一节　加强义务教育省级统筹的总体格局正在形成

党的十八届三中全会通过的《中共中央关于全面深化改革若干重大问题的决定》明确提出要"扩大省级政府教育统筹权"，这是教育体制改革进入"深水区"后的一个战略设计，也是推进教育改革发展的新路径。义务教育省级统筹已经逐渐在理论界达成共识，各级各类教育文件也对义务教育省级统筹的合理性进行了认定，义务教育省级统筹已经成为一致的呼声。教育部原副部长王湛认为，提出加强省级政府教育统筹最初起源于义务教育均衡发展，但目前已远远超越这一范围。①

《教育规划纲要》和党的十八届三中全会通过的《中共中央关于全面深化改革若干重大问题的决定》都明确提出了理顺地方政府和中央政府的教育职责，加强义务教育省级统筹权。中央立足教育的全局发展和时代特点作出了这样重要的决策，为义务教育省级统筹提供了政策保证，标志着义务教育省级统筹进入了一个新的历史时期。

在这样的背景下，省级政府发展义务教育的主体性增强，在北京、上海、安徽、广东、云南、新疆等地的带动下，各地开始探索加强省级政府义务教育统筹，纷纷提出新的教育强省的规划，根据各省实际确立义务教育发展的目标、规划和重点，义务教育省级统筹的责任意识已经有所体现。

如深圳市省级政府教育统筹综合改革试点的总体目标是：加大市政府对区域内各级各类教育的统筹，以国际先进城市为标杆，强力推进全市教育均衡化、优质化、多元化、国际化、全民化、信息化发展，建成国家教育综合改革示范区、高水平学习型城市和人力资源强市，在全国率先实现教育现代化，为深圳建设现代化国际化先进城市提供强大的人才支撑和智力贡献。安徽等省份也明确提出要坚持省级统筹谋划，确保改革协调有序推进；强调加强总体设计，坚持立足当前与兼顾长远相结合、综合改革与专项改革相结合的原则，推动义务教育发展。

2009 年年初，湖北省在全省范围内启动"义务教育均衡发展行动计划"。2010 年，湖北成为在全省范围内进行义务教育均衡发展的六个试点省份之一。2010 年年底，湖北省"义务教育均衡发展行动计划"获得第二届"地方教育制度创新奖"最高奖。湖北省政府办公厅印发的《湖北省实施国家教育体制改革试点总体方案》勾画了湖北省义务教育改革与发展的总体目标。总体目标包括三个层面：一是宏观目标。通过推进改革，总体上实现"三化"的目标，到 2015 年，湖北义务教育"优质公平"的特点更加显现，整体上成为全国义务教育的改革示范区。二是中观目标。通过推进改革，驱动和推进各地加快义务教育改革发展，全面履行省政府和教育部签订的备忘录，分四批通过国家检查验收，成为发展先行区。三是具体目标。以"择校""减

---

① 赵冬冬. 省级政府教育统筹综合改革：要到位，不越位、不缺位——"省级政府教育统筹综合改革"观点综述 [J]. 河南教育（中旬），2011（3）：12.

负"两个焦点问题为重点，探索更加公平的、更令人满意的义务教育实现机制，进一步提高义务教育的美誉度。由此可见，义务教育省级统筹已经通过完善顶层设计带动了各省的行动，这种行动一方面表现在省级义务教育发展规划的制定上，通过出台文件强化了省级政府及各有关部门的责任，调整了工作机制，省级政府逐渐担负起统筹省级义务教育的责任；另一方面行动采用项目推进的特色方式。湖北省提出在 2015 年前，以 72 个子项目为重点，推动省内各地探索形成形式多样、丰富多彩的义务教育体制、机制、制度和模式，创建一批城乡一体先行区、改革创新先导区，产生改革影响，形成制度安排。

　　总体上来讲，我国加强义务教育省级统筹的势头良好，但还存在许多有待于进一步完善的地方。"扩大省级政府教育统筹权"更多的是一种宏观上的提法，缺乏具体的描述及相应的制度、体制设计，目前最为具体的是《教育规划纲要》中对省级政府教育统筹综合改革试点的要求，其中涉及义务教育的主要有：统筹管理义务教育，推进城乡义务教育均衡发展，依法落实发展义务教育的财政责任；完善省对省以下财政转移支付体制，加大对经济欠发达地区的支持力度；根据国家标准，结合本地实际，合理确定各级各类学校办学条件、教师编制等实施标准；支持和督促市（地）、县级政府履行职责，发展管理好当地各类教育；等等。这些描述仅仅提及了义务教育省级统筹的部分内容，缺乏对义务教育省级统筹的重点、方式和机制的引导。国家应不断完善国家层面的顶层设计，对省级政府加强义务教育统筹给予更加有力的支持。

　　对校长的问卷调查结果表明，近 91.0% 的校长认为，实施义务教育省级统筹后学校最大的变化是教育经费和办学条件的变化，80% 以上的校长认为次显著的变化是教师学历和年龄结构的变化，50.6% 的校长认为管理体制有所变化（参见表 4-3）。由此可见，实行义务教育省级统筹之后，学校发生的主要的变化是外显的条件的变化，深入的内在性的变化并不明显。

　　案例：湖北省江汉平原某县教育局局长认为，过去很长一段时间，县政府认为教育的事主要是教育局抓。例如，在 2007 年"两基"国检中，县长布置工作时说，所有验收指标都由教育局负责，其他部门配合，县政府起督导作用。2009 年全国义务教育均衡发展现场会召开后，县政府对义务教育的管理职能明显增强。2011 年省政府与教育部签订义务教育均衡发展备忘录后，省政府加强了全省义务教育统筹，对经费投入进行硬考核，县政府也开始主动抓教育，一些职能部门的配合意识也增强了，教育行政部门虽然任务更艰巨，但心理压力明显减轻。

表 4-3   义务教育省级统筹后学校最大的变化（多选题）

	教育经费	教师年龄结构	教师学历	办学条件	管理体制	没有变化	未填写	总计
人数	209	188	186	210	117	69	2	233
比例（%）	90.5	81.4	80.5	90.9	50.6	29.8	0.9	100.0

第二节   省级人民政府的统筹主体地位基本确立

2006 年修订的《义务教育法》及之后实施的多项教育政策，都明确了省级政府作为义务教育统筹主体的地位，但义务教育本身的特殊性决定了义务教育省级统筹的实施还需要省教育厅以及与教育发展相关的其他职能部门的联动。就国家层面而言亦是如此。2010 年国家教育体制改革领导小组成立，组长是时任国务委员刘延东同志，成员单位包括中央组织部、中央宣传部、中央编办、发展改革委、教育部、科技部、工业和信息化部等 20 个部门。所以，义务教育省级统筹并非由各省级教育部门来完成，而是举全省之力，调动各部门的力量协同实现。省级人民政府的地位和作用主要通过指导性的文件来体现。

以湖北省为例，《湖北省实施国家教育体制改革试点总体方案》由省政府办公厅印发，省政府成立了以分管省领导为组长的教育体制改革领导小组，统筹推进各项教育体制改革试点工作。省级教育行政部门承担了最为繁重的工作。《湖北省实施国家教育体制改革试点总体方案》印发后，省教育厅召开专题会议，确定十条措施推进改革试点工作；实行改革项目包保责任制，成立了以分管厅领导为组长的"义务教育均衡发展试点"项目工作小组。2011 年，湖北省教育厅发出了《关于进一步推进国家义务教育体制改革"推进义务教育均衡发展"试点项目的通知》，对各地制定的实施方案进行评审，择优建立项目库。相较而言，财政部门、发展改革委等其他相关部门作为义务教育统筹的支持力量原本应该和教育行政部门构成合力，但现状是这些部门虽然会参与其中，但是并没有稳定的制度来保证其参与，通常是限于执行领导的指令、文件的要求，或者是部门之间偶然沟通的结果。这就意味着义务教育省级统筹的具体承担者是省级教育行政部门，省级教育行政部门在省级政府的指导和授权下承担了几乎所有的义务教育统筹的事务，但省级教育行政部门和财政厅、组织部、发展改革委、人社厅、编办等其他相关部门是平级关系，相互之间的沟通并不总是顺畅，确立省级人民政府的统筹主体地位的关键在于建立一个能够协调教育行政部门之外其他力量的机制。

从问卷调查结果来看，47.2%的校长认同省政府作为义务教育省级统筹的主体，但是还有一半以上的校长选择了其他选项，其中37.3%的校长选择了建立一个新的多部门共同参与的省直行政部门，这说明校长们对于义务教育省级统筹主体的现状认识比较清晰（参见表4-4）。

表4-4 校长对于义务教育省级统筹主体的认识

	省政府	省教育厅	多部门共同参与	其他	合计	未填写	总计
人数	110	25	87	2	224	9	233
比例（%）	47.2	10.7	37.3	0.9	96.1	3.9	100.0

案例：湖北省教育厅一位工作人员在访谈中说："教育部门光干事，没有什么实权。教育部门是最弱势的，所有的事都要去求别的部门，没有一点的行政执法权和行政决策权。人的问题，人社厅在管；编制，编办在管；钱，财政厅在管。这里面也谈不上协调的机制。其他部门要做什么事情，没有征求你的意见，有什么项目就直接安排下来。我们有不满意的就跟他们说，至于结果能不能达到我们的要求，那就看他们部门的领导了。解决好这些问题只有靠省政府，省政府有这个权力和能力统筹。我们只希望省政府把各部门的责任明确下来，大家好做事。各部门是开展具体事务的主体。"

财政部门的同志则反映，教育部门重视投入，但对经费缺乏管理，部分经费未用在刀刃上。

第三节　义务教育省级统筹的机制构建初见成效

北京、上海、安徽、广东、云南、新疆和深圳开展的教育统筹综合改革试点工作，在义务教育省级统筹的机制创新方面取得了一定的成绩。这些机制有一个共同的特点，即都是围绕着某个统筹对象或者某个领域建立起来的，比如教师配置的统筹机制、经费投入的统筹机制、义务教育质量保障的统筹机制等。这种强调机制创新的工作方式充分体现了义务教育省级统筹的系统性和统领性，将义务教育省级统筹的价值充分体现出来。

首先，在经费投入统筹机制创新方面做了积极探索，取得了一定成效，对其他各省也有一定的带动作用。同时，各省因地制宜，构建不尽相同的机制，充分体现了各省特色。如广东省在实施教育统筹综合改革试点工作中，提出了不断加大财政对教育投入的力度，财政资金优先保障教育投入，建立健全教育公共财政投入的稳定增长机制，合理划定省、市、县预算内教育经费占财政总支出的比例并逐年提高，计划到 2020 年各级财政教育拨款占财政总支出比例达到 25% 以上。再如云南省提出，统筹建立健全以政府投入为主，多渠道筹集教育经费，保障教育投入稳定增长的体制机制，出台公共财政购买公费学位的办法，全面实施教育经费投入绩效监测和考评，建立教育经费投入保障执行情况年度排名制度，制定各级政府落实教育经费投入及保障情况纳入年度目标责任的考核办法。安徽省的做法是，加快推进教育投入保障体制建设，落实各级政府教育投入责任；加大教育投入领导小组不定期研究协调解决教育投入有关重大问题，分解落实省、市、县三级教育投入目标任务，2012 年全省实现财政教育支出占公共财政支出的 15%，计划到 2020 年，全省各类教育生均经费和生均财政拨款基本标准达到全国平均水平；教育投入增长比例纳入对各级政府目标考核，探索省、市、县三级政府教育投入增长监测、考核办法；完善义务教育学校经费"以县为主"、财政局和教育局共同管理模式；完善各级财政、教育、审计等行政部门对教育经费使用的监督机制。

但就全国范围来看，教育经费统筹落实的办法是省级政府按照分担的安排将经费下拨到县，然后县级政府给予匹配。但县级政府是否具备足够的经济实力给予相应的匹配以及是否能够足额拨付到位，省级政府只有检查后才能发现，这个过程需要经历一段时间，而对教育发展的影响已经造成。尤其是有些县经费短缺，在经费投入上做了"技术处理"，这样必然会影响统筹的效果。这些情况表明，在经费投入统筹机制层面，往往是短效机制多，长效机制少；问题解决型机制多，持续发展型机制少；经费投入机制创新多，经费保障机制创新少。

其次，在义务教育均衡发展统筹机制创新上有所成效。如湖北省政府与教育部签订义务教育均衡发展备忘录之后，要求各县把义务教育均衡发展作为"一把手"工程，作为地方党政领导政绩考核的重要内容，层层签订目标责任书，建立责任追究制度，认真落实省政府确定的县级政府各项责任和教育、发展改革、财政等有关部门的职责，形成"横向到边、纵向到底、内外联动、齐抓共管"的格局，协同推进义务教育均衡发展。在此基础上，义务教育均衡发展督导机制改革也已经启动。从各省的情况来看，义务教育均衡发展省级统筹机制建立中依靠行政力量的特点比较明显，尤其是通过调动"一把手"的积极性，通过行政权力加大统筹的力度，取得比较明显的效果，能够在短期内达成预定的目标。但从长远来看，一旦阶段性目标达成之后，随着时间的延长、行政领导的更替、人事的变迁和教育发展新的需要的产生，新的问题又会产生。因此，当前除了要对实现义务教育均衡发展的机制进行探索之外，还要逐渐探索达成均衡发展目标之后推动义务教育高质量发展的保障机制和长效机制。

最后，在提高义务教育教学质量的省级统筹体制上有所创新。各省通过创新机制，致力于提高义务教育教学质量。如辽宁、江苏、安徽、甘肃通过规范中小学办学行为，改进教育教学方法，改进考试评价制度，探索减轻中小学生过重课业负担的途径和方法；北京、深圳深化基础教育课程、教材和教学方法改革；北京、内蒙古、上海、广西、新疆整体规划大中小学德育课程，推进中小学德育内容、方法和机制创新，建设民族团结教育课程体系，探索建立"阳光体育运动"的长效机制；北京、天津、上海、安徽、湖北、海南、重庆、云南、甘肃、宁夏等地研究制定义务教育质量督导评价标准，改革义务教育教学质量综合评价办法，建立中小学教育质量监测评估机制，探索地方政府履行教育职责的评价办法。

就湖北省而言，主要在五个方面做了努力。一是探索减轻中小学课业负担机制。在武汉、黄石、黄梅等 4 个县市建立中小学课业负担监测、公告、问责机制。二是探索建立中小学义务教育质量监测体系。在钟祥等 3 个县市探索建立监测网络，建立质量监测的长效机制。三是探索建立高效课堂。在十堰、宜昌西陵区等地，推行小班化教学，构建高效课堂。四是深入开展"大家唱、大家跳"文体活动。以中小学校"大家唱、大家跳"为主，依托武汉音乐学院等高校，创编了 12 套湖北版校园集体舞，经过潜江、仙桃、通城等县市试验教学后，向全省推广。五是改革高中招生名额分配。在孝感市、宣恩县等县市实施将 80%的优质高中招生名额按比例分配到区域内各初中。

目前义务教育省级统筹机制创新通常采用的是先选择几个地方试点，然后逐步铺开的模式。截止到本研究开展时，大部分的制度创新项目依然处于试点阶段，真正进入全面推开阶段的比较少。这意味着在机制创新的层面，每一地的情况都有其特殊性，类似湖北省这样内部经济、政治、文化情况差异比较大的省份，建立起全局性的体制依然是一个十分艰巨的课题。值得说明的是，这里的体制创新往往是指在省级统筹的力量下建立起来的发展义务教育的一些具体制度，而非宏观层面上省级统筹本身的体制创新。通常情况下，我们都是依靠领导的个人作用或者一时一地的会议发起一个体制创新项目，然后就这个项目建立起省级统筹的机制，而很少去关注义务教育省级统筹如何运作，如何建立起一个优良的省域范围内的顶层机制。

第四节 义务教育省级统筹的环境不断改善

目前，义务教育省级统筹的环境已有较大的改善，主要表现在如下几个方面。

首先，国家为义务教育省级统筹提供了良好的政策支持。如《教育规划纲要》明确提出，要加强省级政府教育统筹责任，统筹区域内各级各类教育，强化省级政府的统筹实施职能，开展省级政府教育统筹综合改革试点。《中共中央关于全面深化改革若干重大问题的决定》明确提出要"扩大省级政府教育统筹权"。2014 年 3 月 5 日，国务院总理李克强在政府工作报告中也强调要"扩大省级政府教育统筹权"。实际上，早在 2011 年国务院办公厅发布的《关于开展国家教育体制改革试点的通知》中就包含了省级政府教育统筹综合改革试点的相关要求，包括深化教育管理体制改革，探索政校分开、管办分离的实现形式；统筹推进各级各类教育协调发展；统筹编制符合国家要求和本地实际的办学条件、教师编制、招生规模等基本标准；统筹建立健全以政府投入为主、多渠道筹集教育经费、保障教育投入稳定增长的体制机制；建立健全地方政府履行教育职责的评价制度；探索建立督导机构独立履行职责的体制机制。

其次，省级政府的财政能力和行政能力远远高于县级政府。1994 年分税制改革后，政府财政收入分配结构发生了很大的变化，财政的重心向上移动。中央财政收入占全国财政收入的比重明显提高，从 1993 年的 28.1%激增到 2007 年的 54.1%，而地方财政收入比重相应下降至 45.9%。① 如果加上省级的财政收入，中央和省级财政所占比重超过 70%，而县乡财政收入的比重在 20%左右。在省内财权与事权的分配上，地市和县一级的财权较小而事权又较多。② 作为最高一级的地方政府，省级政府开始被赋予适当税政管理权限，培育地方支柱税源。从行政能力上讲，党的十八大以来，各省级人民政府的行政能力明显加强，主要体现在思想政治建设、工作作风建设、制度机制建设、党风廉政建设等方面。相比较而言，县一级政府往往因为地处偏远、监督不力等，存在一些不透明和责任感缺乏的情况。

最后，目前已经形成了加强义务教育省级统筹的舆论。各高等院校和教育研究机构从理论和实践上对义务教育省级统筹开展了研究，加深了人们对于义务教育省级统筹的认识。各地方媒体从推动地方教育事业的发展、推广地方教育品牌的角度对推进义务教育省级统筹做了大量的宣传。家长们出于让孩子接受公平优质的教育的良好愿望，也积极支持省级政府承担自身应有

---

① 王常雄. 财政体制缺陷与地区性行政垄断研究 [J]. 市场论坛，2009 (10)：4.
② 范先佐，付卫东. 义务教育均衡发展与省级统筹 [C] //城乡教育一体化与教育制度创新：2011 年农村教育国际学术研讨会论文集. 武汉：华中师范大学出版社，2011：103.

的责任，推动各地义务教育均衡发展和内涵式发展。这些都为义务教育省级统筹创造了良好的外部环境。

当然，在义务教育省级统筹大环境不断改善的同时，在某些方面也出现一些问题，比如下面这个案例。如何改善义务教育省级统筹中各相关责任主体的统筹环境，是一个需要持续关注的问题。

案例：湖北省及邻近省市（州）一级教育局的同志反映，义务教育发展的责任很清楚，国务院领导，省级统筹，以县管理为主。在此体制下，省、县权责很明确，资金直接由中央、省下达到县，而处于省与县之间的市（州），无论是政府还是教育行政部门地位都非常尴尬，有责任无权利，有时甚至不清楚资金分配情况，却要对资金使用情况负责，这显然不合理。改善市（州）义务教育统筹环境势在必行。政府这条线的重点是统筹各职能部门责任，使之共同推进义务教育均衡发展。各职能部门重在协调发挥最大效用，以解决义务教育中的困难。

第五节　义务教育资源配置省级统筹得到重视

在完成"普九"目标的基础上，为保障义务教育财政投入的充足、高效与公平，国家出台了一系列关于教育管理体制、教育财政体制改革的政策。2012 年财政部、教育部发布的《关于切实加强义务教育经费管理的紧急通知》指出，省级财政和教育部门应当按照"经费省级统筹"的原则，明确辖区内各级财政应承担的义务教育经费，落实省级财政投入。中央和省级财政、教育部门建立奖惩机制，建立义务教育经费管理使用情况通报制度，对发生的重大问题分别在全国和省内进行通报。中央政府和省级政府也采取了一系列改善义务教育学校办学条件的举措，在探索建立经费保障长效机制的同时，实施了一系列专项工程，重点扶持了"老少边穷"地区，改善了广大农村学校的办学条件，推进了义务教育均衡发展。

一、建立了义务教育经费保障机制

2008 年国务院下发《关于做好免除城市义务教育阶段学生学杂费工作的

通知》，标志着我国免费义务教育的全面实施。为了保障免费义务教育的顺利开展，许多省份在贯彻国务院相关规定的基础上，都制定和实施了本省的义务教育经费保障机制，在中央和地方财政明确义务教育经费分担比例（西部，中央：地方＝8：2；中部，中央：地方＝6：4；东部，中央：地方＝5：5）的前提下，进一步明确地方政府的义务教育投入责任。如2014年安徽省教育厅和财政厅联合下发的《安徽省义务教育经费保障机制实施办法》中就有如下规定①：

第三条　补助义务教育阶段家庭经济困难寄宿生生活费。补助基本标准为：小学生4元/天、初中生5元/天，学生每年在校天数均按250天计算。所需资金，中央财政按50%给予奖励性补助，地方承担50%部分仍由市、县（市、区）财政承担。各地要根据实际情况科学确定享受寄宿生生活费补助困难学生比例，并可根据实际情况适当提高标准，所需资金由当地财政解决。

第四条　向农村义务教育阶段学生免费提供国家课程教科书；将《新华字典》纳入国家免费提供教科书范畴，向农村一年级新生免费提供《新华字典》。

第五条　全面取消城乡义务教育阶段地方教材，地方教材中的有关内容纳入学校图书资料建设范畴。

第六条　免除农村义务教育阶段学生学杂费并补助学校公用经费，确保学校正常运转。农村义务教育阶段学校公用经费基准定额为：小学585元/生·年、初中785元/生·年。所需资金由中央、省、县（市、县改区）财政共同承担，地方财政分担比例具体为：比照西部大开发政策和加快皖北地区发展政策范围内的县（市、县改区）为8：2，其他县（市、县改区）为6：4。对在校生不足100人的村小学和教学点按100人核定安排公用经费。

第七条　免除城市义务教育阶段学生学杂费和补助公用经费。城市义务教育阶段学校免学杂费基本补助标准为：小学234元/生·年，初中330元/生·年；公用经费基本补助标准为：小学30元/生·年，初中45元/生·年。所需资金8个地改市（含14个县改区）、6个县级市省级以上与市（县）按8：2比例承担，其余8市（含市辖区）省级以上与市、区按6：4比例承担。

① 安徽省义务教育经费保障机制实施办法．[EB/OL]．[2014-01-12]．http：//www.ahjx.gov.cn/Openness Content/show/1253300.html.

城市义务教育阶段学校管理和投入的责任主体为市级政府。中央和省按照基本补助标准对城市义务教育阶段学校进行补助。各市要结合经济社会发展实际，在落实中央和省基本补助标准的基础上，合理确定当地城市义务教育阶段学校公用经费基准定额，统筹安排资金，足额保障城市义务教育阶段学校正常运转以及开展教学活动所需经费。

第九条　实施农村义务教育阶段学校校舍维修改造长效机制，将农村义务教育阶段学校校舍抗震加固纳入校舍维修改造长效机制。维修改造单位面积补助基本标准为每平方米600元，所需资金由中央和省级按照5∶5比例共同承担。各县（市、区）校舍维修改造所需资金超过中央和省级安排部分由各地自行承担。

义务教育经费保障机制的建立和实施，为省级统筹义务教育经费提供了制度保障，也为实现省域内义务教育均衡发展和城乡协调发展提供了基本保障。

表4-5　2005—2011年义务教育生均预算内教育经费支出

		2005年	2006年	2007年	2008年	2009年	2010年	2011年
小学	全国（元）	1361.09	1671.41	2230.97	2787.57	3424.65	4097.62	5061.64
	较上年增长（%）	—	22.80	33.48	24.95	22.85	19.65	23.53
	农村（元）	1230.26	1531.24	2099.65	2640.82	3236.27	3876.24	4847.80
	较上年增长（%）	—	24.46	37.12	25.77	22.55	19.77	25.06
初中	全国（元）	1819.92	1962.67	2731.27	3644.98	4538.39	5415.41	6743.87
	较上年增长（%）	—	7.84	39.16	33.45	24.51	19.32	24.53
	农村（元）	1355.40	1763.75	2465.46	3390.10	4267.70	5061.33	6376.46
	较上年增长（%）	—	30.13	39.79	37.50	25.89	18.60	25.98

数据来源：《中国教育经费统计年鉴》（2006—2012）。

表4-5反映的是2005—2011年我国义务教育生均预算内经费支出变动的基本情况。可以看出，2005—2011年我国义务教育生均预算内经费支出包括农村义务教育生均预算内经费支出一直保持稳定增长，而且年增长率基本上都保持在20%以上，农村义务教育生均预算内教育经费支出与全国平均水平

的差距也呈现逐年递减的态势。这充分说明，在省级统筹的情况下，地方政府特别是省级政府对义务教育投入在逐年增加，而且加大了对农村义务教育经费的投入力度，农村与城镇预算内义务教育经费支出的差距在逐年缩小。

对学校公用经费充裕程度的调查结果表明，93%的校长认为实施义务教育省级统筹后，所在学校的公用经费基本充裕；2%的校长认为，现在学校的公用经费非常充裕；只有1%的校长认为目前学校的公用经费还是非常紧张；而选择公用经费"充裕"和"有点紧张"的校长各占2%。

案例：在湖北省教育局局长座谈会上，有教育局局长说，他们县很重视教育经费保障工作，每年召开两次专题会，从经费来源、筹措办法、使用方案等方面进行深入研究。县政府协调相关部门，帮教育局解决实际困难，部门之间关系融洽，任务也明确，埋怨误会少了，工作积极性也高了，县里教育事业发展也快了，人民群众满意度也逐年提高。

由于我国长期体制机制积累的义务教育财政投入不均衡状况无法在短期内消除，我国区域间、城乡间义务教育财政投入的差距依然突出，导致县级政府对配套资金的承受能力也不同。

案例：湖北省某县级财政部门工作人员说道："我们县真的是没有办法筹集配套资金。虽然我们县像工业大县，招商引资的项目很多，但那都是政府花钱补贴吸引过来的，政府需要给企业土地补贴、税费减免等一系列优惠政策，一个招商引资项目常常在五年内无法收到回报。收不到钱，其他方面税收还要上缴到省里。在税费改革前，地方还有教育统筹费和学校自立项目这两大块收入。税费改革以后，这两部分收入被取消。我们县有部分山区，却没有享受到贫困山区县的待遇，形成的资金缺口又不在上级政府对农村义务教育财政转移支付资金的弥补范畴内。项目资金都需要我们县自己消化，就靠教育附加费一点来源怎么给那么多项目分配配套资金呢？"

二、通过义务教育学校标准化建设缩小办学资源差距

义务教育学校标准化建设是义务教育均衡发展的一个重要指标和体现，也是义务教育办学资源省级统筹的主要内容之一。省域内的义务教育学校标准化建设，主要包括通过完善义务教育长效机制，实施薄弱学校改造计划等项目，缩小城乡间、区域间义务教育学校建设的差距，在做好学校布局规划

的基础上，集中解决连片特困地区、留守儿童地区的校舍紧张问题，解决城镇化较快的地区的大班额和超大班额、住宿紧张问题，以及教育教学设施非均衡配置问题。这里仅以我国义务教育阶段小学教育教学设施设备的情况加以比较分析和说明。

表 4-6　2005 年、2013 年小学教学设施达标学校数

（单位：所）

		学校数	体育器械配备达标校数	音乐器械配备达标校数	美术器械配备达标校数	教学自然实验仪器配备达标校数
2005 年	合计	366213	172592	153069	146156	191497
	城市	20372	14483	14166	13490	14833
	县镇	29050	19182	17794	16825	20701
	农村	316791	138927	121109	115841	155963
2013 年	合计	213529	111314	107047	106955	115710
	城市	26049	20442	20216	20153	20343
	县镇	47152	28929	28082	27894	29715
	农村	140328	61943	58749	58908	65652

数据来源：教育部网站 2005 年、2013 年教育统计数据。

表 4-6 反映的是 2005 年和 2013 年我国小学体育器械配备、音乐器械配备、美术器械配备和教学自然实验仪器配备的基本情况。可以看出，相比 2005 年，2013 年整体上教育教学设施达标的学校数占学校总数的比例有了较大的提高，而且农村义务教育学校的教育教学设施配备水平有了较大的提升，与城镇小学的差距缩小。根据表中数据计算可知，2005 年农村小学音乐器械配备达标学校占农村小学总数的 38.2%，到 2013 年这一比例上升到 41.9%；2005 年农村小学音乐器械配备达标学校占农村小学总数的 38.2%，2013 年上升到 41.9%。2005 年农村小学美术器械配备达标学校占农村小学总数的 36.6%，2013 年上升到 42.0%。这较为充分地说明，自实施义务教育省级统筹以来，义务教育学校教育教学设施的配备水平有了较大幅度的提升。

第六节 教师队伍建设省级统筹明显加强

教师是教育事业的第一资源，是发展教育事业的关键所在。当前，教育领域的改革对教师队伍建设提出了新的要求。然而，许多地区还存在着教师工资待遇偏低、教师队伍老龄化、教师队伍结构性失衡等诸多问题。造成上述问题的一个重要原因在于，不同层级政府间、不同政府职能部门间的权责划分不清晰，协调统筹机制不健全。因此，《教育规则纲要》明确提出，要加强省级政府的教育统筹责任，统筹区域内各级各类教育。全国很多省份通过实施多项有效的教师队伍建设政策（如湖北省先后实施了"资教生政策"、"特岗教师计划"、"三支一扶"计划、"免费师范生政策"等义务教育教师补充政策，"启明星计划"、"城乡教师交流机制"等教师交流政策，以及"农村教师素质提高工程"、"卓越工程"等教师素质提高政策），在教师数量上较好地满足了义务教育学校教学之所需，教师队伍的年龄结构、学历结构有了较大程度的改善，农村义务教育学校教师队伍的数量、结构和质量也有了较大程度的改善，与城镇学校的差距在逐渐缩小。这里仅就小学专任教师的情况加以分析。

表 4-7 2005 年、2013 年全国小学教师城乡分布

		学生数（人）	专任教师数（人）	代课教师数（人）	生师比
2005 年	合计	108640655	5592453	330658	19.43
	城市	17303773	898381	29581	19.26
	县镇	21858606	1125488	25715	19.42
	农村	69478276	3568584	275362	19.47
2013 年	合计	93605487	5096634	167253	18.37
	城市	27729719	1293251	32788	21.44
	县镇	33705362	1742138	44573	19.35
	农村	32170406	2061245	89892	15.61

数据来源：教育部网站 2005 年、2013 年教育统计数据。

表4-7反映的是2005年和2013年全国小学专任教师的城乡分布情况。整体上看，相比2005年，2013年小学教师总数有较大幅度的减少，代课教师由2005年的33万多人减少至16万多人，减幅接近50%，农村小学学生由2005年的近7000万人减少至3000多万人；从生师比来看，2013年小学生师比由2005年的19.43降至18.37，特别是农村小学的生师比有了大幅度的降低，由2005年的19.47降至2013年的15.61。由此可以看出，在义务教育实施省级统筹的大背景下，小学教师的配置较以前更加合理。

表4-8　2005年、2012年全国小学教师年龄、职称分布

（单位：人）

年份	职称	年龄								
		25岁及以下	26—30岁	31—35岁	36—40岁	41—45岁	46—50岁	51—55岁	56—60岁	61岁及以上
2005	中学高级	28	159	1062	3621	5017	5502	5262	2489	172
	小学高级	2552	71096	317805	368830	438354	531417	454004	170711	1769
	小学一级	236429	742873	443357	282996	249111	209436	147187	58907	735
	小学二级	271552	127162	37744	19906	14062	10467	8475	4318	97
	小学三级	13187	6013	2776	1826	1828	1445	1464	766	23
	未定职级	207746	56361	24547	13877	7697	4167	2667	1278	121
2012	中学高级	69	279	2810	14180	27523	29310	19581	9555	130
	小学高级	1870	73295	421579	555895	554007	564305	469593	288215	1138
	小学一级	92563	541268	595018	285530	158479	125044	80899	49520	202
	小学二级	47600	77186	30194	13883	6922	4880	3312	2584	24
	小学三级	4866	4296	2033	996	511556	540	460	412	9
	未定职级	225130	128321	33977	15782	10106	5409	2508	1455	178

数据来源：教育部网站2005年、2012年教育统计数据。

注：因为2013年小学教师年龄结构的划分与此前年份有出入，所以这里选用2012年的数据。

表4-8反映的是2005年和2012年全国小学教师年龄及职称分布情况。根据表中数据计算可知，2012年45岁及以下的小学教师占教师总数的比例由2005年的70.98%增加至71.08%；与此同时，61岁及以上的专任教师数

由 2005 年的 2917 人减少至 2012 年的 1681 人。

从职称结构上看，2012 年小学高级及以上职称的教师数达到了 300 多万人，较 2015 年增长了近 7 万人；特别是 35 岁以下的小学高级职称的专任教师占教师总数的比例由 2005 年的 7.02% 增加至 8.95%。

通过分析可以看出，在实施义务教育省级统筹的背景下，义务教育教师无论是年龄结构还是职称结构较以前都更加合理。当然，值得注意的是，高学历、高职称、公办教师不能等同于"优质教师"。笔者在对基层学校校长的访谈中了解到：第一，当前农村地区中小学校教师老龄化问题较为突出，大部分老教师通过"民转公"的形式保留下来，这部分教师知识体系陈旧，接受新知识的能力较差，难以适应现代化、信息化的教学手段；第二，通过各种渠道补充来的年轻教师，尽管学历上都达标，但是不少人教学技能不娴熟，不安于现状，工作状态不稳定，缺乏事业心。

案例1：某县教育局领导说，20 世纪 80 年代中师（中等师范学校）培养的都是全科教师，什么科目都可以教。而且，那时候的教师行业吸引力强，优异的考生才有资格读中师。而现在读师范有的是考不上好学校、好专业学生的无奈选择，所以，尽管新进的教师学历更高了，但教学质量、业务技能有些不如早期的中师毕业生。

案例2：湖北、广东、山东、安徽、黑龙江等省的教育厅有关领导在教育部召开的一次关于教师编制制定座谈会上提出，目前教师编制方案应予以修改，要考虑各省实际情况，不能仅仅依据班师比、师生比下达编制数，教师数量应适当放宽。教师编制制定要考虑多种因素对教师的实际需求量的影响，如寄宿制学校管理工作量较大，需要更多教师；新开设的课程需要新教师，如信息技术课程需专职教师；有的教师知识结构适应不了新要求，有的教师离校进修，需要增添教师。要保证教师质量，从招考到录用环节，教育厅应参与把关，因为教师毕竟是特殊职业。

第七节　义务教育省级统筹有利于解决热点难点问题

相比于县一级政府，省级政府更能够集中力量办大事，义务教育省级统筹在解决义务教育的重点、难点、热点问题上的优势十分明显。

比如,《湖北省实施国家教育体制改革试点总体方案》提出以解决"择校""减负"两个焦点问题为重点,探索更加公平的、更令人满意的义务教育实现机制,进一步提高义务教育的美誉度。

再如,保障特殊群体权益是义务教育的难点和热点问题之一,湖北省极其重视这个问题,主要做了如下四个方面的探索。一是关注随迁子女平等接受义务教育机制。武汉、宜昌等务工人员较多的市,探索将随迁子女纳入本地教育统筹规划,探索随迁子女与当地学生相互融合的教育模式。二是关注留守儿童教育。荆州、黄冈等留守儿童较多的市,通过盘活资源,探索建立留守儿童活动场所和教育基地。三是关注残疾儿童入学问题。潜江、宜都、恩施等地,通过将残疾儿童纳入"低保"等补充范围,探索建立残疾儿童入学救助机制。四是关注学习困难学生。荆门市东宝区通过实行"政府—教育双线控流保学"目标责任制等措施,完善防流控辍机制。

这说明,对一些突出的难点热点问题,省级统筹能够取得比较明显的成效。在省级统筹的对象中,热点难点问题占有很大的比重。但是这种统筹多在部分地区试行,缺乏系统性,想全面地推开并真正做到统筹兼顾还有很长的路要走。

第八节 省级统筹区域义务教育差距缩小

2009年年底,全国义务教育均衡发展现场会在河北召开。会后,各地推进义务教育均衡发展、加强省级统筹的力度明显加大。2011年,教育部与全国各省、自治区、直辖市按"一省一案"签订义务教育均衡发展备忘录。"一省一案"即一个省份一个方案,突出差异性及针对性,主要是为了调动省级政府的积极性,发挥省政府统筹功能。在义务教育均衡发展备忘录的实施过程中,义务教育省际及省域内的差距有了较为明显的缩小。以下通过省际与省域内两个层面的初中教育经费、教师队伍及教学设施设备的情况加以分析和说明。

一、省际和省域内义务教育经费差距缩小

表 4-9 2005—2011 年各省份普通初中生均预算内教育经费支出

(单位：元)

地区	2005 年	2006 年	2007 年	2008 年	2009 年	2010 年	2011 年
全国平均	1561.69	1962.67	2731.27	3644.98	4538.39	5415.41	6743.87
北京	5706.57	8049.15	11411.37	14054.57	17348.52	24203.46	29052.63
天津	3605.17	4477.27	5620.14	7783.19	11083.16	14914.89	18229.86
河北	1404.03	1818.39	2377.30	3585.90	4420.46	5343.92	6321.74
山西	1398.11	1720.25	2368.21	3360.35	4190.69	4889.85	5985.08
内蒙古	1999.80	2370.55	3195.78	4724.30	6421.99	8160.36	9373.83
辽宁	2165.20	2809.90	3514.59	4645.85	5621.86	7116.94	9680.51
吉林	1681.15	2147.23	2940.24	4233.68	5519.56	6931.71	8534.43
黑龙江	1919.67	2501.42	3289.69	4355.23	4932.78	5788.93	6844.29
上海	8934.52	10459.78	13377.01	15982.94	18484.31	20276.10	22643.57
江苏	1849.71	2299.87	3661.02	4584.12	6094.32	8585.05	10183.52
浙江	3278.34	3916.27	4931.98	5819.83	7011.07	8455.78	10159.63
安徽	935.33	1229.98	1818.27	2593.39	3189.79	4109.50	5858.07
福建	1512.56	1965.05	2653.21	3578.20	4602.48	5901.76	7494.80
江西	1120.44	1378.95	2105.14	2683.35	3283.63	3477.13	4993.45
山东	1815.25	2292.39	3391.69	4391.18	4931.50	6155.78	7778.98
河南	932.28	1210.74	1926.00	2489.90	3046.85	3470.75	4616.39
湖北	1151.98	1442.97	2234.79	3127.31	4224.20	4641.97	5605.95
湖南	1361.73	1847.96	2681.66	3729.29	4705.46	5067.10	6086.42
广东	2054.45	2403.45	2848.53	3308.00	3534.79	4111.73	5065.69
广西	1127.13	1558.44	2044.88	3042.14	3478.23	4419.16	5609.15
海南	1617.40	1866.57	2619.85	3626.28	5048.79	6022.78	8056.37
重庆	1304.78	1553.68	2208.94	2928.20	3810.79	4545.68	6002.60
四川	947.43	1403.36	2016.29	2769.26	3643.23	4308.86	5334.66
贵州	1039.17	1251.72	1760.46	2357.23	2772.40	3279.70	4225.72
云南	1526.38	1805.22	2235.38	3030.18	4311.09	4649.15	5055.86

续表

地区	2005 年	2006 年	2007 年	2008 年	2009 年	2010 年	2011 年
西藏	5190.30	4152.15	6701.42	6152.96	8202.72	7317.37	9895.80
陕西	1102.68	1512.26	2188.59	3498.21	5213.57	5522.27	7653.36
甘肃	1216.92	1645.33	2080.79	3164.69	4012.31	4575.79	5343.92
青海	2179.02	2399.39	3023.56	4697.60	6588.88	8528.01	11388.71
宁夏	1710.20	1945.85	2698.31	4766.78	5523.70	6364.35	7330.19
新疆	1932.56	2616.28	3310.66	4878.50	6977.45	8457.75	10878.71

数据来源：《中国教育经费统计年鉴》（2006—2012），不含港、澳、台地区数据，下同。

表 4-10　2005—2011 年各省份普通初中生均预算内教育经费支出与均值的差值

（单位：元）

地区	2005 年	2006 年	2007 年	2008 年	2009 年	2010 年	2011 年
北京	4144.88	6086.48	8680.10	10409.59	12810.13	18788.05	22308.76
天津	2043.48	2514.60	2888.87	4138.21	6544.77	9499.48	11485.99
河北	-157.66	-144.28	-353.97	-59.08	-117.93	-71.49	-422.13
山西	-163.58	-242.42	-363.06	-284.63	-347.70	-525.56	-758.79
内蒙古	438.11	407.88	464.51	1079.32	1883.60	2744.95	2629.96
辽宁	603.51	847.23	783.32	1000.87	1083.47	1701.53	2936.64
吉林	119.46	184.56	208.97	588.70	981.17	1516.30	1790.56
黑龙江	357.98	538.75	558.42	710.25	394.39	373.52	100.42
上海	7372.83	8497.11	10645.74	12337.96	13945.92	14860.69	15899.70
江苏	288.02	337.20	929.75	939.14	1555.93	3169.64	3439.65
浙江	1716.65	1953.60	2200.71	2174.85	2472.68	3040.37	3415.76
安徽	-626.36	-732.69	-913.00	-1051.59	-1348.60	-1305.91	-885.80
福建	-49.13	2.38	-78.06	-66.78	64.09	486.35	750.93
江西	-441.25	-583.72	-626.13	-961.63	-1254.76	-1938.28	-1750.42
山东	253.56	329.72	660.42	746.20	393.11	740.37	1035.11
河南	-629.41	-751.93	-805.27	-1155.08	-1491.54	-1944.66	-2127.48
湖北	-409.71	-519.70	-496.48	-517.67	-314.19	-773.44	-1137.92
湖南	-199.96	-114.71	-49.61	84.31	167.07	-348.31	-657.45

续表

地区	2005 年	2006 年	2007 年	2008 年	2009 年	2010 年	2011 年
广东	492.76	440.78	117.26	-336.98	-1003.60	-1303.68	-1678.18
广西	-434.56	-404.23	-686.39	-602.84	-1060.16	-996.25	-1134.72
海南	55.71	-96.10	-111.42	-18.70	510.40	607.37	1312.50
重庆	-256.91	-408.99	-522.33	-716.78	-727.60	-869.73	-741.27
四川	-614.26	-559.31	-714.98	-875.72	-895.16	-1106.55	-1409.21
贵州	-522.52	-710.95	-970.81	-1287.75	-1765.99	-2135.71	-2518.15
云南	-35.31	-157.45	-495.89	-614.80	-227.30	-766.26	-1688.01
西藏	3628.61	2189.48	3970.15	2507.98	3664.33	1901.96	3151.93
陕西	-459.01	-450.41	-542.68	-146.67	675.18	106.86	909.49
甘肃	-344.77	-317.34	-650.48	-480.29	-526.08	-839.62	-1399.95
青海	617.33	436.72	292.29	1052.62	2050.49	3112.60	4644.84
宁夏	148.51	-16.82	-32.96	1121.80	985.31	948.94	586.32
新疆	370.87	653.61	579.39	1233.52	2439.06	3042.34	4134.84

　　表4-9反映的是2005—2011年全国31个省份普通初中生均预算内教育经费支出的变动情况。表4-10反映的是各省份普通初中生均预算内教育经费支出与全国平均值的差距。

　　通过上述数据可以发现，2005年以后，全国普通初中生均预算内经费的支出呈现一直增长的态势，这充分说明，实施省级统筹以来，31个省份努力增加对义务教育经费的投入，对义务教育的重视程度进一步提高。此外，从各省份生均预算内教育经费支出距全国平均值的变化情况来看，2005年低于全国平均值的省份有15个，也就是说接近一半省份的初中生均预算内教育经费支出低于全国平均水平，并且这种情况一直持续到2008年。2009—2011年初中预算内生均经费低于全国平均值的省份减少了3个，即陕西省、海南省及福建省。从各省份初中生均预算内教育经费与全国平均值的差距来看，包括安徽省、重庆市等地初中生均预算内的教育经费支出与全国平均值的差距在逐年缩小。这说明，在实施省级统筹的背景下，普通初中预算内教育经费支出的省际差距呈现逐年缩小的态势。全国小学的预算内教育经费支出变动情况也大抵如此，这里就不再一一分析。因而从总体上说，实施义务教育省级统筹后，义务教育经费特别是预算内教育经费支出的省际差距在逐渐缩小。

为了说明省域内义务教育经费状况，这里以各省份农村初中生均预算内教育经费与平均水平的差距加以说明。

表 4-11 2005 年、2010 年、2011 年各省份农村初中生均预算内教育经费支出

（单位：元）

地区	2005 年		2010 年		2011 年	
	平均	农村	平均	农村	平均	农村
北京	5706.57	6105.45	24203.46	29220.04	29052.63	38660.19
天津	3605.17	2636.56	14914.89	12105.59	18229.86	15438.95
河北	1404.03	1313.64	5343.92	5746.55	6321.74	6812.78
山西	1398.11	1406.12	4889.85	5285.82	5985.08	6775.21
内蒙古	1999.80	2115.38	8160.36	9380.39	9373.83	11514.24
辽宁	2165.20	1781.63	7116.94	6823.83	9680.51	9462.23
吉林	1681.15	1560.14	6931.71	7634.97	8534.43	9549.22
黑龙江	1919.67	1671.25	5788.93	5258.45	6844.29	6549.17
上海	8934.52	8765.81	20276.10	17751.24	22643.57	19196.83
江苏	1849.71	1599.58	8585.05	8550.32	10183.52	10559.79
浙江	3278.34	3036.72	8455.78	8485.68	10159.63	10208.02
安徽	935.33	898.58	4109.50	4166.29	5858.07	5954.26
福建	1512.56	1366.87	5901.76	5851.81	7494.80	7713.67
江西	1120.44	1162.59	3477.13	3591.03	4993.45	5035.00
山东	1815.25	1681.45	6155.78	6047.06	7778.98	7782.59
河南	932.28	848.62	3470.75	3472.86	4616.39	4571.60
湖北	1151.98	1066.12	4641.97	4531.68	5605.95	5534.99
湖南	1361.73	1366.01	5067.10	5182.30	6086.42	6252.64
广东	2054.45	1416.51	4111.73	3016.03	5065.69	3825.93
广西	1127.13	1029.24	4419.16	4315.58	5609.15	5150.07
海南	1617.40	1594.72	6022.78	5666.52	8056.37	6887.88
重庆	1304.78	1329.37	4545.68	4297.56	6002.60	5655.72
四川	947.43	940.81	4308.86	4188.28	5334.66	5147.65
贵州	1039.17	933.31	3279.70	3207.98	4225.72	4089.73

续表

地区	2005 年		2010 年		2011 年	
	平均	农村	平均	农村	平均	农村
云南	1526. 38	1485. 36	4649. 15	4522. 88	5055. 86	5049. 23
陕西	1102. 68	1049. 83	5522. 27	5935. 68	7653. 36	8135. 62
甘肃	1216. 92	1201. 80	4575. 79	4590. 10	5343. 92	5466. 93
青海	2179. 02	2021. 48	8528. 01	8218. 96	11388. 71	11995. 10
宁夏	1710. 20	1712. 10	6364. 35	7171. 76	7330. 19	10320. 73
新疆	1932. 56	1822. 36	8457. 75	8835. 21	10878. 71	11085. 00

数据来源：《中国教育经费统计年鉴》（2006、2011、2012）。因西藏农村数据缺失，本表中无西藏的相关数据。

表 4-12　2005 年、2010 年、2011 年全国各省份农村初中生均

预算内教育经费支出与平均值差距

地区	2005 年	2010 年	2011 年	地区	2005 年	2010 年	2011 年
北京	398. 88	5016. 58	9607. 56	河南	-83. 66	2. 11	-44. 79
天津	-968. 61	-2809. 30	-2790. 91	湖北	-85. 86	-110. 29	-70. 96
河北	-90. 39	402. 63	491. 04	湖南	4. 28	115. 20	166. 22
山西	8. 01	395. 97	790. 13	广东	-637. 94	-1095. 70	-1239. 76
内蒙古	115. 58	1220. 03	2140. 41	广西	-97. 89	-103. 58	-459. 08
辽宁	-383. 57	-293. 11	-218. 28	海南	-22. 68	-356. 26	-1168. 49
吉林	-121. 01	703. 26	1014. 79	重庆	24. 59	-248. 12	-346. 88
黑龙江	-248. 42	-530. 48	-295. 12	四川	-6. 62	-120. 58	-187. 01
上海	-168. 71	-2524. 86	-3446. 74	贵州	-105. 86	-71. 72	-135. 99
江苏	-250. 13	-34. 73	376. 27	云南	-41. 02	-126. 27	-6. 63
浙江	-241. 62	29. 90	48. 39	陕西	-52. 85	413. 41	482. 26
安徽	-36. 75	56. 79	96. 19	甘肃	-15. 12	14. 31	123. 01
福建	-145. 69	-49. 95	218. 87	青海	-157. 54	-309. 05	606. 39
江西	42. 15	113. 90	41. 55	宁夏	1. 90	807. 41	2990. 54
山东	-133. 80	-108. 72	3. 61	新疆	-110. 20	377. 46	206. 29

注：因西藏农村数据缺失，本表中无西藏的相关数据。

表4-11反映的是2005年、2010年、2011年全国30个省份全省和农村初中生均预算内教育经费支出的基本情况。表4-12反映的是2005年、2010年、2011年全国30个省份初中生均预算内教育经费支出与农村初中生均预算内教育经费支出差距的情况。

表4-11较为直观地显示出，全国30个省份无论是整体还是农村初中生均预算内教育经费都呈现出增长的态势，而且2010年至2011年增幅很大。由表4-12可以看出，2005年农村初中生均预算内教育经费支出超过全省平均值的仅有北京、山西、内蒙古、江西、湖南、重庆和宁夏7个省份，而在2010年则增加了新疆、甘肃、陕西、河南、安徽、浙江、吉林、河北，使得农村初中生均预算内教育经费支出高于省平均水平的省份达到了14个（重庆市有变动）。也就是说，到2010年，农村初中生均预算内教育经费支出超过省平均水平的省份占了全国近一半。相比2010年，2011年上述省份中除了河南省的农村初中生均预算内经费支出低于省平均水平外，又增加了青海、山东、福建、江苏，至此，全国农村初中生均预算内教育经费支出超过本省平均水平的省份达到了17个，即超过50%的省份的农村初中生均预算内教育经费支出超过了本省的平均水平。另外，即便是农村初中生均预算内教育经费支出一直低于省平均水平的部分省份，其农村初中生均预算内教育经费支出与省平均水平的差距也呈现出缩小的趋势（如云南省由2005年的41.02元降低至2011年的6.63元）。这表明，自2010年实施义务教育省级统筹以来，各省份都十分注重加强对农村义务教育的投入。省域内特别是城乡义务教育预算内教育经费支出的差距逐渐缩小，为实现义务教育均衡发展和义务教育城乡一体化提供了坚实的经费保障。

二、省际和省域内义务教育教师队伍差距缩小

为了反映实施省级统筹前后义务教育教师队伍变化的情况，这里选取2005年、2010年、2011年义务教育的生师比、义务教育教师职称和学历结构的情况加以分析和说明。

表4-13反映的是2005年、2010年、2011年我国31个省份小学和初中生师比的情况。不难看出，相比2005年，2010年和2011年绝大多数省份小学和初中生师比都有不同程度的下降。2005年小学生师比低于全国平均值的

省份有 16 个，2010 年、2011 年增加至 18 个；2005 年初中生师比低于全国平均值的省份有 15 个，到 2010 年、2011 年达到了 17 个。这说明，实施义务教育省级统筹后，全国义务教育的生师比的省际差距已有缩小。

表 4-13　各省份义务教育生师比

地区	2005 年		2010 年		2011 年		地区	2005 年		2010 年		2011 年	
	小学	初中	小学	初中	小学	初中		小学	初中	小学	初中	小学	初中
全国平均	19.43	17.80	17.70	14.98	17.71	14.38	河南	20.75	19.72	21.83	16.97	22.04	16.58
北京	10.31	10.34	13.20	10.24	13.38	9.90	湖北	19.90	18.77	18.64	13.91	19.37	13.23
天津	12.98	13.14	13.56	10.56	13.84	10.13	湖南	17.06	15.39	19.16	12.45	19.59	12.48
河北	15.63	17.09	16.04	12.45	17.09	12.47	广东	26.42	20.92	19.70	18.77	19.01	17.87
山西	18.22	16.06	15.28	14.37	14.68	13.77	广西	22.11	19.97	19.53	16.88	19.50	16.84
内蒙古	13.42	15.24	12.60	12.73	12.36	12.65	海南	20.88	22.13	14.99	16.82	14.84	15.63
辽宁	16.30	14.75	14.85	12.64	14.91	11.79	重庆	22.83	18.38	17.23	16.63	16.95	15.51
吉林	11.80	15.28	11.60	12.19	11.81	11.20	四川	23.27	18.61	19.37	16.82	18.98	16.09
黑龙江	13.50	15.59	12.42	12.73	12.69	12.17	贵州	25.79	21.11	21.90	19.51	20.74	19.23
上海	14.24	13.91	15.51	12.51	15.81	12.48	云南	20.13	18.81	18.32	17.32	18.06	17.21
江苏	18.56	18.13	15.98	12.50	16.38	11.41	西藏	22.95	19.38	15.84	15.66	15.45	14.95
浙江	21.11	15.55	19.39	13.87	19.73	12.96	陕西	18.22	18.60	14.90	14.10	14.83	12.98
安徽	22.51	23.54	18.74	17.10	18.23	15.46	甘肃	23.20	19.67	16.89	16.64	15.57	15.22
福建	16.42	17.87	15.25	12.84	15.84	11.83	青海	18.45	16.84	19.52	15.32	19.77	15.18
江西	19.85	17.26	21.00	16.61	21.25	16.36	宁夏	20.53	18.43	19.68	16.50	19.32	15.90
山东	16.29	14.71	16.24	13.37	16.67	13.11	新疆	15.91	15.58	14.45	11.98	14.20	11.46

数据来源：国家统计数据．地区数据［EB/OL］．［2014-10-24］．http：//data.stats.gov.cn/workspace/index？m=fsnd．

再来看教师学历结构及学历达标情况。

表 4-14 2005 年、2013 年各省份小学教师学历结构

（单位：人）

地区	2005 年					2013 年				
	研究生	本科	专科	高中	高中以下	研究生	本科	专科	高中	高中以下
合计	14459	1805118	2922865	832459	10575	20228	2059660	2797184	697973	9599
北京	896	42784	7471	1296	25	1286	45562	7065	1035	33
天津	351	22722	11039	3608	49	497	24487	10317	2929	45
河北	442	100846	177805	37736	133	573	115654	171251	31199	179
山西	199	58206	102619	23179	123	362	65984	95663	18451	88
内蒙古	342	47600	53698	11105	153	424	50500	50524	9025	103
辽宁	574	50938	74645	18231	245	840	55521	71426	14616	253
吉林	528	52063	54567	12010	106	582	54688	49710	9995	141
黑龙江	178	46448	78119	19133	330	202	49125	71877	15114	163
上海	769	31464	14204	1601	28	1114	33909	13555	1181	13
江苏	1273	137883	90760	22571	93	1960	158452	79601	18157	3
浙江	797	105309	59461	13757	149	1058	117544	55065	9733	79
安徽	323	62899	128896	49285	101	345	73727	123617	40418	24
福建	242	42401	81986	29105	207	391	50233	78281	25452	133
江西	283	52778	101038	50648	723	308	62512	100456	43161	716
山东	1932	158980	156787	64608	255	2810	178522	150735	55043	202
河南	688	129925	285235	80930	78	939	151722	273564	68281	9
湖北	486	51579	101110	38107	417	680	62405	100292	32923	256
湖南	500	62798	141229	42149	183	702	74379	131583	38588	1021
广东	1588	126779	252717	50736	554	1965	148240	243835	42907	585
广西	297	48289	127626	40458	481	446	56138	124550	34025	411
海南	17	6911	34424	9836	55	28	8067	33956	8350	65
重庆	222	34140	66890	12591	193	469	39387	64639	10567	142
四川	397	68509	187293	48481	219	546	78386	186438	40167	82
贵州	138	36015	126265	33227	2338	103	43841	119751	27307	1951

续表

地区	2005 年					2013 年				
	研究生	本科	专科	高中	高中以下	研究生	本科	专科	高中	高中以下
云南	232	58736	133504	39101	2137	405	66520	127937	33547	1811
西藏	18	4211	12656	1794	174	17	5293	12066	1339	119
陕西	390	60130	84610	21518	174	617	67814	77479	16781	150
甘肃	153	45513	65526	28497	546	296	53613	61096	24915	494
青海	77	9453	13870	2656	47	106	11246	13248	2336	38
宁夏	38	10808	17417	6058	64	58	12920	16653	4414	68
新疆	89	38001	79398	18447	195	99	43269	80954	16017	222

数据来源：湖北省教育统计年鉴（2005 年、2013 年）。

表 4-14 反映的是 2005 年、2013 年 31 个省份小学教师学历构成基本情况，表 4-15 反映的是 2005 年和 2013 年全国 31 个省份义务教育教师学历合格与不合格数占当年全国总体义务教育学历合格与不合格教师的比例情况。从中我们可以得出以下结论。

一是整体上全国义务教育教师学历合格率（学历专科及以上为合格，专科以下为不合格）得到极大提升，学历不合格率明显降低。以小学教师为例，2013 年，除了江西省学历合格小学教师占全省小学教师的比例为 78.82%（但也是由 2005 年的 75.00% 上升至 2013 年的 78.82%）外，其余省份都超过了 82.00%，其中学历合格率超过 90.00% 的省份由 2005 年的 6 个增加至 2013 年的 12 个。

二是省际义务教育学历合格教师的差距有所缩小。2013 年除了山西、内蒙古、辽宁、吉林、黑龙江、河南、湖南、广西、海南、贵州、云南、陕西等省份义务教育学历合格教师占当年全国义务教育学历合格教师的比例较 2005 年有所下降外，其余省份都有着不同程度的上升，特别是包括宁夏、青海、四川、重庆等在内的西部地区都有不同程度的提高，表明西部地区义务教育教师合格率较全国平均水平及其他省份的差距也呈现出缩小的趋势。

表4-15　各省份义务教育学历合格与不合格教师占当年

全国义务教育学历合格与不合格教师的比例

（单位:%）

地区	2005年		2013年		地区	2005年		2013年	
	合格	不合格	合格	不合格		合格	不合格	合格	不合格
北京	1.079	0.157	1.105	0.151	湖北	3.230	4.570	3.350	4.689
天津	0.719	0.434	0.724	0.420	湖南	4.313	5.021	4.237	5.598
河北	5.885	4.492	5.894	4.435	广东	8.036	6.084	8.079	6.147
山西	3.395	2.764	3.322	2.620	广西	3.716	4.856	3.714	4.867
内蒙古	2.143	1.335	2.080	1.290	海南	0.872	1.173	0.862	1.189
辽宁	2.660	2.192	2.620	2.101	重庆	2.135	1.516	2.143	1.513
吉林	2.260	1.437	2.153	1.433	四川	5.402	5.777	5.441	5.688
黑龙江	2.630	2.309	2.485	2.159	贵州	3.425	4.219	3.356	4.135
上海	0.979	0.193	0.996	0.169	云南	4.058	4.892	3.995	4.997
江苏	4.848	2.688	4.921	2.567	西藏	0.356	0.233	0.356	0.206
浙江	3.491	1.650	3.561	1.387	陕西	3.060	2.573	2.992	2.393
安徽	4.051	5.858	4.053	5.716	甘肃	2.345	3.445	2.358	3.591
福建	2.628	3.477	2.643	3.616	青海	0.493	0.321	0.504	0.336
江西	3.249	6.094	3.348	6.201	宁夏	0.596	0.726	0.608	0.633
山东	6.699	7.694	6.809	7.808	新疆	2.477	2.211	2.549	2.295
河南	8.769	9.609	8.739	9.651					

综上，实施省级统筹以来，我国义务教育教师结构的省际差距和省域内差距呈现出缩小的良好态势。

三、省际和省域内义务教育教学设施设备差距缩小

为了反映省级统筹实施以来，全国义务教育教学设施设备变化情况，这里选取2006年和2013年全国31个省份的初中学校的生均校舍建筑面积、生均图书数量和生均固定资产加以分析和说明。

由表4-16可以看出，相比2006年，2013年全国各省份初中生均校舍建筑面积、生均图书数量和生均固定资产都有了大幅度提高。2006年生均校舍

建筑面积、生均图书数量和生均固定资产超过全国平均水平的省份分别有 15、10、12 个。2013 年相应指标超过全国平均水平的省份分别为 16、13、15 个。特别是一些西部地区省份，包括宁夏、青海、陕西等有两个以上指标超过全国平均水平。这充分说明，实施省级统筹以后，义务教育教学设施设备方面的省际和省域内的差距呈现出逐渐缩小的态势。

表 4-16　2006 年、2013 年全国初中教学设施设备情况

地区	2006 年			2013 年		
	生均校舍建筑面积（平方米）	生均图书数量（册）	生均固定资产（元）	生均校舍建筑面积（平方米）	生均图书数量（册）	生均固定资产（元）
全国	6.82	16.27	406.65	34.16	28.23	1153.91
北京	14.97	52.72	1893.95	31.66	30.17	1963.73
天津	7.74	22.20	612.15	32.81	34.94	1338.84
河北	6.07	3.84	350.75	34.72	34.23	962.22
山西	5.48	13.38	298.55	32.03	24.99	1085.10
内蒙古	6.00	14.22	388.17	50.65	24.63	1579.93
辽宁	6.40	16.06	406.32	43.19	37.31	1300.99
吉林	6.10	16.08	41.33	51.19	25.61	1036.04
黑龙江	4.79	11.14	295.96	49.61	20.55	1083.58
上海	12.31	36.29	1663.01	27.41	52.03	2841.05
江苏	7.85	20.49	545.89	47.09	40.51	2409.58
浙江	10.12	22.98	799.90	37.19	41.31	2072.55
安徽	5.06	13.23	247.30	39.82	26.42	1096.18
福建	7.79	18.13	419.36	28.47	24.45	939.72
江西	7.78	13.89	274.28	32.48	20.39	681.02
山东	8.91	20.50	608.51	40.55	34.53	1311.30
河南	6.04	17.00	262.91	29.70	24.68	773.44
湖北	7.70	14.05	345.27	42.54	38.60	1405.54
湖南	9.68	24.04	408.57	41.12	30.79	992.55
广东	7.26	18.62	610.84	28.19	27.25	1241.38
广西	7.70	14.49	345.72	26.59	18.75	646.45

续表

地区	2006 年			2013 年		
	生均校舍建筑面积（平方米）	生均图书数量（册）	生均固定资产（元）	生均校舍建筑面积（平方米）	生均图书数量（册）	生均固定资产（元）
海南	4.62	9.55	549.18	48.96	21.72	1297.64
重庆	7.97	11.47	432.69	21.75	14.39	856.71
四川	6.87	10.12	326.59	24.93	28.13	1153.58
贵州	4.82	11.79	229.41	21.24	22.29	659.66
云南	6.88	10.84	386.72	27.01	18.69	810.30
西藏	11.46	14.22	1286.54	48.76	20.84	2121.08
陕西	4.88	14.04	258.88	30.31	36.62	1092.03
甘肃	4.41	9.46	315.45	28.81	24.64	976.09
青海	6.59	12.47	369.20	37.36	33.28	1861.43
宁夏	5.96	11.40	385.62	35.44	21.73	1349.33
新疆	4.71	7.95	294.55	53.61	25.80	1237.65

注：表中数据根据《中国教育统计年鉴》（2006 年、2013 年）公布的相应数据计算得来。

第五章

我国义务教育省级统筹存在的主要问题及成因

从调查看，尽管我国义务教育省级统筹呈现出良好的发展态势，但实际状况距离理想状况还有着不小的差距，目前还处于发展的不成熟状态。本章重点分析当前我国义务教育省级统筹存在的问题，以及导致这些问题的外在原因和内在原因、现实原因和历史原因、深层原因和表层原因，为寻求解决办法打好基础。

第一节　当前义务教育省级统筹存在的主要问题

一、义务教育省级统筹责权不够明晰

虽然省级人民政府的统筹主体地位已经在理论上和政策上达成了共识，但在实践中依然存在一系列问题。《义务教育法》及之后发布的相关政策法规，仅解决了谁是义务教育统筹主体的问题，仍未解决主体的实际责权以及这些责权如何实现的问题。实际上，后一个问题比前一个问题更为重要，无法解决后一个问题，前一个问题的解决也落不到实处。省级人民政府是最高一级的地方政府，其工作内容包括政治、经济、文化等方方面面的事务，教育只是其工作内容中的一部分。另外，由于省级政府的主要决策人员很少是教育专业人员，因此，省级人民政府作为义务教育统筹的主体显得空而不实，在具体工作中往往难以落实到具体承担责任的机构和个人。

1. 各级政府部门之间的责权界限不清晰

《教育规划纲要》颁布后，各级政府的教育责任有了明确划分，中央政

府的主要职责是加强对全国教育事业的统一领导和宏观管理，而国家教育方针政策的落实和日常事务的管理则由省级及省级以下政府承担主要责任。尽管这个划分从逻辑上看是合理的，但在实践中依然存在界限不清晰的问题。这种不清晰表现在许多方面，首先是并没有具体的文件对各级政府的责权做明确界定，仅对少数相关工作做了明确界定。比如，教师队伍补充方面责权划分是"国标、省考、县聘、校用"，但在教师管理上，省一级的责任就没有那么明确，因此省一级就可能将责任下压到市、县一级，以尽量减少自身的责任；同样的，市、县一级很可能意识到自身权力和能力有限，又将责任上推到省一级。其次，有些已有规定的工作，一旦某一级政府无力完成，责权就显得极其混乱。比如，县一级的财政能力有限，实在无力完成教育经费投入时，省一级政府很可能成为"救火队"。如果省一级政府承担的任务过重，则会削减其统筹全省义务教育经费的能力。一旦省级政府在经费投入上感到乏力，中央政府如何参与就显得极其复杂。另外，每一个层次的政府的工作又涉及多个部门，就以教师编制为例，省级教育行政部门虽然能够认识到少数地方缺编问题严重，但实际上是无力对市、县一级的教师编制进行统筹的，这就意味着省级政府只能动用特别的办法，但是这样就存在责权错位的可能性。

2. 政府不同部门之间缺乏协调

义务教育省级统筹涉及财政、发展改革、人社、编制、组织、教育部门，尽管这些部门没有隶属关系，却可能有业务上的往来，但他们之间是缺乏沟通的，在涉及共同工作时往往无法协调。如中央财政基础教育以奖代补专项资金及大多数发展改革的项目资金，都是由中央有关部委单独下达到地方，省级及以下的教育行政部门难以参与这些资金的使用和监管。即使是同级的财政、发展改革、人社、编制、组织、教育部门，沟通也不完全顺畅。当教育部门需要其他部门协助的时候，一般需要与省政府主要领导沟通，但是下级向上级的联系并不总是通畅，一旦教育部门得不到其他部门的支持，一些具体的工作就只能停滞。建立一个全省各部门之间的联动机制是义务教育省级统筹的前提，而这个前提恰好是不充分的。

访谈中，广东、安徽、黑龙江、山东四省教育厅有关负责人建议，希望人社部门重点考虑教师职称和待遇，让教育部门参与招聘更能满足教育需求；

组织部门应加强对政府的绩效考核，制定吸纳人才的政策；财政部门预算应从实际出发，考虑人口、经济因素，考虑义务教育发展实际需要，不能管得过细，让教育系统缺乏自主权；发展改革委重点保证扶贫扶持政策；编制部门重点解决好教师结构性缺编问题和建立教师补充机制，根据学校改革和发展需要，调整教师编制方案；教育行政部门履责责无旁贷，但有必要扩大教育行政管理权力。

3. 义务教育省级政府统筹问责措施缺失

在当前的行政运作中，工作人员的执行思维比较普遍，被动执行的工作态度多于主动实施的工作态度。因此，义务教育省级统筹常常会因为行政人员选择性地完成工作而落实不到位。实际上，只有极少数工作是存在问责机制的。比如在义务教育均衡发展方面，湖北省政府与教育部签订备忘录之后，要求各县把义务教育均衡发展作为"一把手"工程，作为地方党政领导政绩考核的重要内容，层层签订目标责任书，建立责任追究制度。2013 年 9 月和2014 年 9 月，国家教育督导检查组对湖北省申报的义务教育发展基本均衡县（市、区）进行督导检查，情况都比较乐观。但是，这种主动要求问责并加以改正的情况，目前尚未形成健全的机制，义务教育省级统筹的问责措施还需要进一步加强和改进。

二、义务教育省级统筹的机制不够完善

尽管义务教育省级统筹作为一种统筹性的工作一贯注重机制上的创新，在某些工作上提出了很多具体的实施机制，但作为一项任重道远的宏大事业，它却缺乏一个整体性的机制。很多工作都是以项目为单位进行，或者仅仅止步于试点，这让义务教育省级统筹工作陷入时常停滞，时灵时不灵的困境。机制不完善依然是我们必须正视的问题。

1. 义务教育省级统筹机制的整体性缺失

义务教育省级统筹在各省都有强烈的现实需要，但最终演变成中央对于各省的一个指导性安排，因此，义务教育省级统筹的原动力很大一部分来自国家层面。实际上，省级政府作为义务教育统筹的主体，其内在主体性并不充分，由此搭建起来的机制本质上是一个由上而下的机制，有很强的外控性。外控性系统的主要特点是需要通过外部力量驱动，缺乏内在的凝聚力，缺乏

自我发展和更新的能力，中心控制系统不强，运转过程采用的是从上到下、层层推进的方式，缺乏联动和反馈。这些特征都能够在当前义务教育省级统筹的机制中体现出来。表面上，义务教育统筹是以省级政府为中心的，但实际上这个中心对教育统筹的控制总体上是乏力的，这就导致省教育行政部门只能通过领会教育部及中央的精神来亦步亦趋地进行操作。一些省份提出了教育强省计划，也根据《教育规划纲要》制定了本省的中长期教育发展规划纲要，但是因为体制本身的外控性，完成这些工作任务是上级的要求，地方的自主性明显不足，各类工作人员缺乏主人翁精神和担当意识。从长期来看，义务教育省级统筹体制处于一个休眠状态，通常情况下需要通过国家级政策、资金、任务、要求、项目等来进行驱动。

2. 注重短期机制而忽视长效机制建设

已有的改革往往更多地关注了短期机制建设而不太重视长效机制建设，导致一些工作轰轰烈烈地开展一段时间，取得阶段性成果之后就偃旗息鼓了。比如，经费投入机制创新比较多，通过一定的机制创新，教育经费能够在上年的基础上有明显的增长，但是能够保证增长持续的机制很少，因为这种增长往往建立在一次性拨付的基础之上，而不是真正建立了经费来源的稳定渠道。义务教育均衡发展的体制创新往往是为了在规定时间达到某个标准，不能保证无论随着时间推移还是行政领导和工作人员的变更而不发生变动。短期的机制依靠人的特征比较明显，采取的是抓重点岗位、重点人的办法来推动，这是一种相对不够稳定的状态。我们缺乏的是一种长期的能够在动态中维持稳定的机制，这个机制能够保证进入其中的人能够自觉地按照要求来行事，而不是将机制负载在某一些人身上，这些人员流失了，机制就消亡了。

三、义务教育经费投入省级统筹差异大

《义务教育法》明确规定了省级政府在义务教育经费投入上负有统筹落实的责任，统筹的核心是合理确定地方各级政府的义务教育经费分担比例。笔者分析了义务教育学校公用经费、校舍改造资金、教师工资等项目省、市、县级政府的分担情况，认为省级政府在统筹义务教育经费过程中，面临着农村义务教育发展水平低、县级政府教育投入鼓励不足、经费使用监管难等问

题。由于改革开放后我国实施了差异化的发展地方经济的政策以及1994年实施税制改革，各省份经济发展水平差异十分明显，而全免费义务教育的经费投入全部依赖地方财政，因而对于经济发展较落后的省份而言，能够用于教育发展的财政资源相对紧缺。即使同一省份内也存在区域发展差距较大的问题，这就导致了各地区、城乡的教育资源面临不同的财政约束。如何既充分发挥教育财政分权制的有效性，又能克服或减少分权体制带来的负面影响，是当前义务教育省级统筹发展的重要问题。充足、效率与公平是衡量教育资源动员和配置的尺度，是评价教育财政决策的三个通用标准。这里运用这三个标准，以调研成果为基础，结合现有的统计数据，对现阶段义务教育经费投入中省级统筹存在的问题进行分析。

1. 部分省份教育经费投入整体水平偏低

教育经费投入是义务教育省级统筹的关键问题之一，是保障义务教育发展的物质基础。无论是教育基础设施的配备还是教职人员的福利工资等一系列办学条件，都需要经费来支撑。我国现行的教育经费投入体制是2006年修订的《义务教育法》确定的，即国家将义务教育全面纳入财政保障范围，义务教育经费由国务院和地方各级人民政府"分项目，按比例"共同承担。《义务教育法》同时还提出了"三个增长"来保证教育经费投入，即各级人民政府用于实施义务的教育财政拨款的增长比例应当高于财政经常性收入的增长比例，按照在校学生人数平均的教育费用逐步增长，教职工工资和学生人均公用经费逐步增长。农村还展开了义务教育经费保障机制改革，明确中央与地方的责任，提出"省级统筹，以县为主"的原则。笔者在调研访谈中发现，对于教育的实际需求来说，义务教育尤其是农村的义务教育投入无论绝对量还是相对量都存在不足的问题。这里以湖北省为例加以分析说明。

由图5-1和图5-2可以看出，2012年湖北省公共财政教育经费支出为550.84亿元，与东部沿海地区相比，明显低于江苏、山东和广东，省级投入总量不足这几个沿海省份的一半，仅为广东省的三分之一多。而湖北省教育财政支出占公共财政支出的比例为14.65%，低于江苏、山东、广东。同中部地区省份相比，公共财政教育经费支出总额及教育财政支出占公共财政支出的比例也落后于湖南和江西。此外，由图5-3可知，湖北省在高等教育阶段的投入力度远远大于义务教育阶段。由此可见，湖北省义务教育阶段的经费总投入严重不足。在调研过程中，一些地方政府工作人员对此也感慨良多。

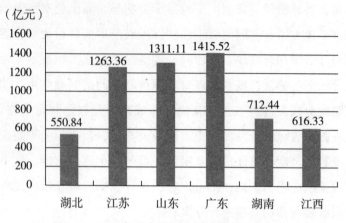

图 5-1　2012 年六省份公共财政教育经费支出

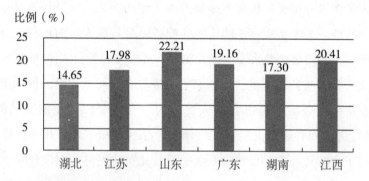

图 5-2　2012 年六省份教育财政支出占公共财政支出比例

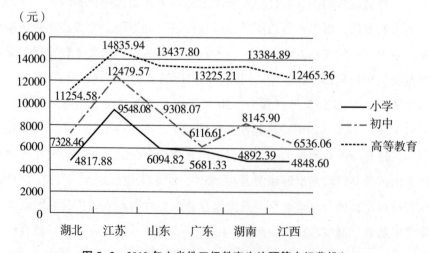

图 5-3　2012 年六省份三级教育生均预算内经费投入

　　案例1：湖北省黄梅县教育局计财股某领导指出，教育经费是否充足是个永恒的问题。答案肯定是不充足的。湖北跟山东、浙江、上海相比差很多。像义务教育公用经费，湖北省小学阶段是560元/人，初中生是760元/人，而上海则比湖北高很多。

　　案例2：湖北省通山县教育局工作人员提到，由于计划生育政策，目前学生数下降，教育经费按人头拨付，生均教育经费有所提高：小学由500元/人变为560元/人，初中由700元/人变为760元/人。相对教育经费有所上升，但绝对数量却减少了。

　　2. 县级政府筹资能力不足

　　教育经费投入结构是指不同来源的教育经费所占的比例。在我国，农村义务教育经费全部纳入公共财政范围，由国务院和地方各级人民政府给予保障，共同分担。省级政府要统筹规划落实好经费，各级地方政府要按照国务院的规定，分项目、按比例保证落实。但是在具体实施过程中，由于地方经济发展水平不同，筹资能力也有所不同。经济发展水平落后的地方，政府筹资能力差，压力大。

　　问卷调查结果表明，在实施义务教育省级统筹后，有90%以上的校长认为学校在教育经费方面有很大的变化，有85%的校长认为，县级财政配套比例的高低，是导致学校办学经费充裕或紧张的主要原因。如表5-1所示。

表5-1　校长对于教育经费充裕/紧张原因的认识

	省财政分担比例	转移支付	县级财政配套	与县财力无关	总计
人数	30	3	199	1	233
比例（%）	12.9	1.3	85.4	0.4	100.0

　　案例：湖北省谷城县教育局和财政局工作人员对于义务教育省级统筹的整体评价是，省级资源保障对于该县学校发展至关重要，但保障力度还不足，省级与县级财政分担比例与自身的财政收入不匹配，导致县财政压力逐年加大。省级统筹机制要求地方必须提供相应配套，并对经费使用范围进行了严格规定。除了免学杂费和免费教科书所需经费不需要县（市、区）配套外，

公用经费保障和校舍维修资金都需要县（市、区）提供配套，属地方承担的部分。省级财政和襄阳市财政、襄城区财政分担的比例为 2：5：3，市、区财政拿大头；省级财政与谷城县财政按照 5：5 分担。受访者认为，如果按照教育支出全口径计算，省级所统筹资源仅占较小比例，县（市、区）承担了大部分，这与县（市、区）财政收入能力仍较弱的现实不相符。

许多基层的教育管理者认为，义务教育省级统筹应重点统筹经费，减轻地方的经济压力。但凡符合地方教育发展的需求，省级政府应从资金方面给予支持。

3. 部分地区仍存在挤占、挪用义务教育经费的情况

为保证义务教育资金使用的规范与有效，湖北省制定了相关管理办法，以确保各项义务教育资金落实到位。但在实际操作中，仍然存在不同程度的义务教育经费被挤占和挪用的现象。调研发现，由于教师培训的经费支出相对灵活，在实际中往往会被挪为他用。有限的义务教育资金被挪用，使得学校公用经费减少，直接影响到义务教育，尤其是农村义务教育的质量。

案例 1：湖北省长阳县教育局某领导提到，相比于校舍建设，教师培训"软"一些，其他那些是硬指标，可能会挤掉"软指标"的资金。省里可以下放一些项目，让县教育局来做，做得会更有针对性。

案例 2：湖北省襄阳市樊城区教育局某领导说，义务教育公用经费经常会被按不同的比例切分，用以保障如教师培训等项目。但由于经费切分后所留存的灵活使用空间大大减少，与实际工作中公用经费分配零碎、情境化需求多的特征不匹配，最终导致 5% 的公用经费用于保障教师培训的规定落空。

四、义务教育教师队伍建设省级统筹力不足

1. 教师队伍建设注重教师数量而忽视教师质量

首先，高校毕业生补充农村教师队伍比例过低。这是一个全国性的问题。自 1999 年高等教育院校开始实行扩招政策后，大学毕业生人数逐年增长，高校毕业生的就业问题受到社会各界的关注。2007 年，高校本专科毕业生超过 500 万人。此后逐年增长，目前每年本专科毕业生已超过 780 万人。然而，

一方面数十万高校毕业生处于未就业状态，另一方面，2007 年至 2011 年，补充到农村中小学当教师的大学生占当年毕业生总数的比例不到 2%。同时，仅有不足 20% 的师范院校毕业生补充到农村中小学校。表 5-2 的数据显示，高校毕业生数量基本上呈现逐年递增的态势，大学毕业生到农村当教师的绝对人数先升后降，但比例基本稳定。尽管农村中小学学生总数在下降，但教师供给依然不足。

表 5-2　2007—2011 年高校毕业生补充农村教师队伍情况

项目		2007 年	2008 年	2009 年	2010 年	2011 年
毕业生人数	本专科（人）	6242307	6810442	7254916	5754245	6081565
	研究生（人）	311839	344825	371273	383600	429994
	其中：师范生（人）	565996	581599	586212	617981	629466
农村学校聘用毕业生（人）		85982	92888	102296	99894	86100
占当年毕业生总数比例（%）		1.3	1.3	1.3	1.6	1.3
占当年师范毕业生比例（%）		15.2	16.0	17.5	16.2	13.7

数据来源：《中国教育统计年鉴》（2007—2011 年）。

　　针对上述问题，中央及省级政府采取了一系列政策措施，基本形成了多渠道多样化的教师队伍补充机制。一方面，通过高等院校的师范教育、统一社会招考的形式补充新教师；另一方面，以支教、"特岗教师"、教师交流等形式，形成城乡教师交流机制，在短期内缓解了教师短缺问题。

　　其次，教师招聘标准与地方对教师的实际需求存在矛盾。具体而言，在调研中，笔者主要就湖北省现阶段实行的"国标、省考、县聘、校用"的政策进行访谈。该政策一方面在体制机制上对规范教师招聘和补充农村教师起到了一定的作用，但另一方面也存在一些问题。调研中，县级单位反映的问题主要集中在以下两个方面：第一，湖北省规定的招聘条件中教师学历要求在本科及以上，"一刀切"的政策对于部分地区并不合适，导致这些地区，特别是农村小规模学校难以招聘到教师；第二，部分受访者认为，现阶段政策导致了县里招到的教师多是来自二本、三本院校的毕业生，他们没有经过良好的师范训练，自身的发展能力也有限，和 20 世纪 90 年代师范毕业生不一样，这些因素可能会影响未来的教育质量。这一点在问卷调查中也得到了体现。

问卷调查结果表明，仅有 20% 多的校长认为"国标、省考、县聘、校用"政策有利于整体教师队伍质量的保障，认为"一般，但应该将招考对象确定为师范专业的学生"的比例达到 30% 以上，有近一半的校长认为"不好，无法保证教师质量和吸纳学校真正需要的教师"。

表 5-3　校长对于招收新教师机制的认可程度

	好	一般	不好	总计
人数	47	71	115	233
比例（%）	20.2	30.5	49.4	100.0

2. 教师工资待遇低，教育投入重物轻人

实施义务教育省级统筹以来，各省在校园基础设施建设、信息化设备的引进等方面力度不断增强。同时，一系列教师补充、教师培养的政策出台实施，一定程度上推动了教师队伍建设。然而，教师的经济收入和生活保障没有得到应有的重视，教师的付出与回报不成比例。

2009 年 9 月 2 日国务院常务会议决定，从 2010 年 1 月 1 日起，在义务教育学校实施绩效工资改革。在教育投入仍然不足、教师工资总量没有增长的情况下，绩效工资政策的实施，产生了两种效果：一种是教师工资依然吃"大锅饭"，保持均等，略有差异；另一种是教师工资收入差距拉大，部分教师工资低于从前。另外，部分地方还存在绩效工资不能及时发放的情况。

问卷调查结果表明，每月能够保证非常及时发放和基本能够保证及时发放教师工资和相关福利的学校比例不足 50%，尚有 20% 多的学校很难保证教师工资和相关福利及时发放（参见表 5-4）。

表 5-4　教师工资及福利发放情况

	非常及时	基本能及时发放	偶尔会推迟	大部分时间不能及时发放	很难保证及时发放	总计
人数	30	57	23	75	48	233
比例（%）	12.9	24.5	9.8	32.2	20.6	100.0

　　案例：某县教育局工作人员说："我们县属于边远地区、民族地区、贫困地区，在县级财政这一块得到了中央和省里较大的支持。但是，教师工资还是提高有限。我们县义务教育阶段教师年收入平均也就是 3.3 万元的样子，收入与现在的物价还有其他行业的收入相比显得很少。我们县边上的一些镇的学校教师，和邻县学校教师比起来收入要低一些。基本工资大家都是一样的，不一样的是绩效工资，绩效工资是根据财政收入水平来核定的，所以就出现了隔一条河大家工资差距较大的情况。这种现象是十分不合理的。"

　　就湖北省而言，2013 年湖北省推行农村义务教育学校骨干教师补助制度，为农村义务教育学校骨干教师发放一定比例的补助。发放对象分为两类：一是在农村义务教育学校（不含县城，下同）教学岗位上工作的湖北名师、特级教师，在职在岗期间每人每月补助 1000 元；二是在农村义务教育学校教学岗位上工作的骨干教师，每人每月补助 600 元。从调研情况来看，该政策产生的作用弊大于利。首先，该政策实施标准不明确，骨干教师评选难度大。其次，补助比例小，力度过大。农村地区教师工资普遍较低，每年 7200 元的补助，约占教师年工资的 25%。最后，挫伤了教师的工作积极性，孤立了骨干教师。总而言之，省级政府在一系列政策实施的过程中，没有采取有效措施提高教师的经济收入，没有对提高教师的收入进行统筹考虑。

五、义务教育资源配置省级统筹有待加强

　　笔者通过走访湖北省四市八区县的教育部门、财政部门以及学校，对各类教育资源配置在地方的实施过程及实施效果做了多角度的了解，发现资源配置设计、资源配置实施、资源配置评价等不同环节均存在一些问题。

　　1. 资源配置目标缺乏整体规划

　　现有的义务教育资源配置大多数采用的是"打补丁"的思路，缺乏长远思考和整体规划，往往是社会舆论关注什么问题，就针对此问题开展各种"应急式"的项目建设。老百姓关注了农村学校危房的问题，就搞"校安工程"；大家把目光聚焦于校车事故频发的新闻时，就搞"校车试点工程"。以这种"头痛医头，脚痛医脚"的被动思路来配置教育资源、指导项目设计，既不利于项目资金的使用效率，又不利于项目实施的效果，结果是让政府主管部门陷入了"出现问题—解决问题—再出现问题—再解决问题"的怪圈中

疲于应付。如果不能在整体规划、长远发展的高度上设计出具有长远目标的专项，就无法真正促进义务教育的均衡发展。

比如，从现有的专项资金投入来说，校舍建设一直都是最大的一块。从2007年起，湖北省陆续实行了"湖北省农村中小学校舍维修改造项目""湖北省中小学校舍安全工程""湖北省义务教育学校标准化建设""湖北省全面改善贫困地区义务教育薄弱学校基本办学条件计划"等项目，这些项目都涉及校舍的建设、改造和维修问题。但是在实际操作中，项目与项目之间该如何互通互补、前后衔接、形成合力？调研结果表明，这些方面并没有得到很好的设计和规划。所以，一方面，很多项目存在着重复建设的情况；另一方面，有些贫困落后地区的学校又没有得到项目的覆盖。

案例1：湖北省英山县教育局的相关负责人就指出了项目重复建设的问题。"项目资金使用效率低，很多项目是来多少钱就做多少事，满足不了实际需要。可能今年盖了一个楼，过两年发现不行，又拆了重做。"

案例2：湖北省黄梅县教育局计财股的同志接受访谈时提到，很多项目并没有完全覆盖农村偏远学校。现在他们最头痛的是农村小学的房子问题，因为这些学校的房子大多是"普九"时候农民集资建筑的房子，这些房子的质量非常差。

2. 资源配置重"前期投入"轻"后期发展"

笔者调研发现，现有的教育资源配置很多变成运动式的搞建设。一窝蜂地盖楼房、修跑道后却不考虑后期如何管理、如何维护、如何使用以及由此带来的人力成本和财力成本，造成"修了实验室却无耗材使用，修了操场却不让学生运动"的尴尬局面。这种只重视前期投入，却不重视后期发展的项目投入方法实质造成了教育资源的巨大浪费。

案例：湖北省宜昌市秭归县教育局的同志虽然讲的是学前教育投资的事例，却也能反映当前教育资源配置重"前期投入"轻"后期发展"的问题。他说："省里让我们建校舍，一个幼儿园给200万元，但是建一个幼儿园至少需要600万元，因为你不只是建个学校，还要考虑周边的环境，考虑长期绿化。就算有钱了，老师怎么来？这些政策很多都没有完善。学前教育三年计划完全不可能完成。"

3. 项目建设重"硬"轻"软"

现在所实施的教育资源配置多数以改善学校办学条件、缩小城乡学校差距为基本出发点。而办学条件的提升往往被各级教育职能部门以及各类学校理解为硬件条件的改善。所以，我们在各类政策文本中经常可以看见"校舍""图书仪器""信息化设备"等"硬件"指标，却鲜见"教学改革""课程建设""师资培训"等"软件"指标。这种重"硬"轻"软"的建设思路让我们有了豪华学校，却未必有优质教育，项目建设就失去了本来的意义。

笔者在调研中就发现，有些农村学校受益于"薄弱学校改造""校安工程""班班通工程"等项目的支持，已经有了整洁的教室、完备的多媒体设施、漂亮的运动场，但是因为师资短缺、课程资源匮乏等问题，办学质量仍然堪忧。而一些城区学校，硬件条件早已达标，甚至超标，却仍迷失在"争取项目盖大楼"的办学思路里难以自拔，找不到学校的办学特色和发展方向。

推动农村教育信息化发展、缩小城乡数字化差距也是近些年项目建设关注的重点。在大力推行"班班通工程""教学点数字资源全覆盖"等项目，投入了大笔专项资金的情况下，农村学校的信息化硬件装备水平得到极大的提高，但是配套的软件资源建设却没有跟上。有学者在调研中发现："远程教育资源与教材完全匹配或基本匹配的不多。教师普遍反映能在课堂上直接使用的优秀资源很少，许多资源必须经过较大的修改后才能使用，增加了资源应用的难度。"[①] "软件资源中优秀教学片和教案比较缺乏；有些软件资源与教材不配套；音乐、体育、美术、思想品德及综合实践等课程的软件资源很少；学校获取的软件资源与教学进度不统一，软件资源建设没有考虑到城乡差异"[②]。软件资源没有跟上硬件建设的脚步，让很多项目做了无用功，投入大量的资金却没有取得应有的效益。

案例： 在湖北省英山县的调研中，就有人对在农村学校推行教育信息化项目建设提出了质疑。他说："班班通利用率到底有多大，尤其在一些农村学校，到底有没有必要，都是值得思考的问题。"某乡镇中学校长说："配了这么多电脑，却不派相关的老师过来，我们又不太会用，有时候用一下，发

---

① 焦道利，张新贤. 贫困地区农村小学远程教育教学资源建设与应用的调查研究：以甘肃省榆中县乡镇农村小学为例 [J]. 电化教育研究，2009（1）：84.

② 梁丽，吴长城. 宁夏地区农村中小学教师现代远程教育资源应用能力调查研究 [J]. 电化教育研究，2010（5）：57.

现屏幕黑了，又没人来修，所以我们都不爱用这些东西。"

4. 资源配置评价标准重"投入"轻"效益"

现有教育资源配置效果的评价标准还呈现出重"投入"轻"效益"的特点。一方面，通过硬件建设改善办学条件意味着大量的资金投入，这就造成很多地方政府和学校在不断加大投入与项目建设两者之间建立起了紧密的联系。所以，在各地关于学校建设的总结评价中经常可以看到"向上争取到多少经费""追加了多少配套资金"的类似表述，把增加投入作为衡量建设效果的标准。另一方面，资金投入以后效益怎么样，却没有一套科学的评估体系。现行的评价往往只是项目主管部门对项目进行验收，验收其实也是以投入作为标准的，比如要有塑胶跑道，实验仪器要有多少套，每个班配多少套电脑。这样的评价根本反映不出项目对教育质量提升的作用，往往出现"为了投入而投入，为了建设而建设"的怪象。

这种倾向造成的后果就是很多项目投入巨大却效益低下，同时有些项目却又投入不足，难以为继。比如，在调研中发现，不少地方反映有些项目没有发挥应有的作用，效益很低。有负责人在谈到营养餐计划时说："营养餐计划按国家标准是每个学生 3 块钱。3 块钱能吃到什么，能补充什么营养呢？而且按规定 3 块钱必须全吃到学生嘴里，买 3 块钱的肉还要做熟啊，后面还需要很多人员配置。我们测算过，起码得生均 3 块 5 才能满足国家的标准，这又加大了我们资金的缺口。"

与只讲投入、不看效益的项目形成强烈对比的是，像"教师周转房建设""校车补助计划"等急需建设的项目在很多地方又面临着缺少经费、难以为继的窘况。由于目前湖北省关于教师周转房建设主要是采取"以奖代补"的政策，在一些财政吃紧的地区存在着很大的资金缺口，影响了教师周转房建设工作的持续推进。

案例：在咸宁市通山县调研时，教育局人员说："公办幼儿园用教育费附加来解决校车补助，有 57 万元的奖补资金。在购买时给予 1 万—3 万元的一次性补助，平时运转一年补助 2 万元。但这些补助标准太低，根本无法满足校车后期正常运转所需的开支。"

第二节　义务教育省级统筹问题归因分析

一、我国义务教育省级统筹还处于探索阶段

尽管义务教育省级统筹取得了很大的成绩，但是我们应该清醒地认识到，义务教育统筹目前还处于起步阶段，总体而言是低水平的，我们当前遇到的很多问题都是发展中不得不付出的代价。

1994 年《国务院关于〈中国教育改革和发展纲要〉的实施意见》提出："基础教育实行国家宏观指导下，主要由地方负责，分级管理体制。省级政府负责本地区基础教育的管理与实施工作。"文件初步提出了省级政府应该对基础教育包括义务教育担负责任。

1999 年《中共中央国务院关于深化教育改革全面推进素质教育的决定》中明确提出"进一步简政放权，加大省级人民政府发展和管理本地区教育的权力以及统筹力度，促进教育与当地经济社会发展紧密结合"。这是最早将省级人民政府和统筹联系在一起的教育文件，而这里更多的是将教育促进地方经济社会发展作为落脚点。此后相当长一段时间内，几乎没有真正推动义务教育省级统筹的行动。

在 2010 年前后，义务教育省级统筹开始引起了人们极大的关注，相关的试点也纷纷启动，重要的标志是《教育规划纲要》明确提出，省级政府要进一步加大对区域内各级各类教育的统筹，统筹管理义务教育，推进义务教育均衡发展，依法落实发展义务教育的财政责任。

从 2010 年至本书写作，有关义务教育省级统筹的大规模探索和行动才经历了四五个年头，处于起步阶段，各方面工作的问题还比较突出。长期以来，义务教育实行的是国家宏观指导、以县为主的体制，主要工作是绕开省、市一级来进行的，省、市一级长期充当"传声筒"的作用已经形成了一种强烈的"行政习惯"，这种习惯的扭转需要突破思维、体制、作风和文化多种因素的限制，因此存在着诸多的不适应，这也是当前义务教育省级统筹问题比较突出的原因之一。

二、行政集权对义务教育省级统筹有一定制约

我国的行政体制本质上是集权体制，地方各级政府在某种意义上仅仅是中央政府不同层级的代理人，处在从基层到中央的行政体系的不同节点上，下级政府主要对上级政府负责。① 一省之内的居民对地方政府及其官员并没有完全意义上的"投票权"，这就意味着我们并不能确保省级政府的官员是本省利益的忠实代表，一些省级官员将更多的人力、财力、物力投放到更有利于自己考核和升迁的工作中。从这个层面看，义务教育统筹的主要驱动力来自中央，来自本省的内部驱动力相对比较薄弱。义务教育省级统筹本质上是以省为单位，为了促进本省义务教育的均衡化，推动本省教育走向现代化，为全省人民提供公平而又高质量的教育。这两种现实构成了极大的悖论：目标是本省的，动力却来自外部。义务教育收益的模糊性、间接性、周期长等特点导致义务教育省级统筹事实上并不能给各类政府工作人员带来很大收益，因此他们参与义务教育省级统筹的工作更多是出于道德良知。县一级政府及教育部门工作人员也存在同样的问题，他们会认为推动义务教育的发展是上一级政府安排下来的任务。在领导人换届和变动的过程中，他们参与省级政府义务教育统筹的积极性是可想而知的。由此看来，这种行政集权往往带来各级各类工作人员参与义务教育省级统筹工作缺乏主动性的问题。这些造成了义务教育省级统筹体制的外控性，而内部凝聚力不强，协调机制常常失灵，最终限制了义务教育省级统筹的实施。

三、省级政府对义务教育统筹能力有限

一直以来，我们关心义务教育统筹中的责权问题，尤其关心中央政府对省级政府放权的问题，但是权力获得之后问题就真正能够得到解决吗？显然，在关心责权问题的同时，我们不应该忽视省级政府统筹能力的问题。义务教育省级统筹的有效进行取决于省级政府的统筹能力，即省级政府必须具备相应的人力、物力、财力、权力。就财力而言，省级政府真正具备了义务教育统筹的能力了吗？

---

① 赵全军. 中国农村义务教育供给制度研究（1978—2005）：行政学的分析 [D]. 上海：复旦大学，2006：172.

2010 年 7 月 20 日，《21 世纪经济报道》曾刊文探讨此问题。时任全国人大教科文卫委员会教育室主任卢干奇认为，实现义务教育均衡的关键是经费配置机制。在现有的财力财政和教育管理体制下，先做到县级均衡是比较可行的做法。他认为，在全国范围实现义务教育县级均衡目标至少需要 5—10 年。上海市教育科学研究院胡瑞文认为，要实现义务教育的省级统筹，全国的资金缺口是 1790 亿元。即使像江苏这样教育经费相对比较充裕的地区实现义务教育均衡也仍然很困难。从 2010 年 5 月开始，江苏省采用了"示范区"的做法，4 个苏南地级市和另外 9 个区县先行先试。① 此外，省级政府调动县一级政府参与义务教育统筹的影响力（权力）也是值得考虑的，一旦省级政府的财力跟不上，很多项目在执行上就打了折扣，县一级的地方政府将会在执行中打出更大的折扣，尤其是有些省份面积广阔，以至于很多偏远的县市可能会监管不力。实际上，义务教育省级统筹并不全是省级政府的责任，省级政府更多的是通过各种措施调动县级政府参与的积极性，如果教育或经济落后的地区力不从心，而教育或经济比较发达的地区参与其中的积极性又不强烈，这对于省级政府义务教育统筹能力是一个极大的挑战。

四、义务教育省级统筹方法论滞后

义务教育省级统筹探索的过程是艰难的，其原因是多方面的，尤其体现在方法论上。2013 年两会期间，时任教育部部长袁贵仁对教育界的政协委员讲："现在有些地方同志一到教育部来就说，请再批准我们建一所新学校。我就告诉他们，你得算一笔账——办一所公办学校的钱，可以用来奖励、扶持 10 所好的民办学校！为什么我们非要说公办学校是国家的，是培养社会主义建设者和接班人，民办学校就不是培养建设者和接班人呢？我们要更多利用社会资源、民间资本包括企业和个人在内的教育投入。"② 这个例子就说明了我们在义务教育省级统筹中更注重一次性拨付的方式，而不太关注那些长期性、生长性的方式，不关注内增长的方式，这是一种目光短浅的表现。方法论的滞后不仅仅表现在教育投入方面，在教育管理方面，往往利用强硬的

---

① 李苊. 缺口 1790 亿：县级教育公平至少要 5 年？［N］. 21 世纪经济报道，2010-07-20（8）.
② 袁贵仁：公办民校都是为国家培养人才［EB/OL］. ［2014-10-21］. http：//www. hfitu. cn/newscontent. asp？id＝4747.

行政方式多，运用弹性的动态性的长效性的方式少，针对不同的统筹对象采取不同策略的教育管理方式还未形成。如何通过教育统筹，促进义务教育的均衡发展，有效解决中小学生课业负担过重问题、择校问题、教育综合质量评价问题、教育资源配置问题、教育公平问题等热点和难点问题，还没有达成共识。现有的统筹制度、体制机制、统筹能力等，都不能有效达成统筹目标。对这些新的问题也没有人进行专门的研究，或者有人研究但研究不够深入。

五、政府教育管理职能转变尚未到位

义务教育省级统筹强调了省级政府的责任，但是我们在思考这种责任时往往容易陷入计划经济时代无所不包的"全能"政府的思维中。如果今天的政府不能够真正转变教育管理职能，政府管理的局限性必然在市场经济中被无限放大。在遏制教育领域内对市场机制的滥用、强调政府对义务教育应负的职责、加大政府对基础教育投入的同时，也要防止传统计划经济体制的回归，使管制成为某些利益阶层或集团实现目的的途径，要避免在消除自然形成的垄断的过程中，又人为打造出以政府名义实行的垄断。为此，需要引入公共管理的理念，适当选择"有限政府"的职能行为，践行服务型政府的管理方式，有效推进政府教育管理职能的转变，避免"一放就乱，一乱就收，一收就死"的结果。要实现政府教育管理职能的转变，必须明确政府在教育领域应该做什么。今天，政府教育管理的职能应该主要体现在以下方面：制定与实施促进教育可持续发展的公共政策；对教育领域实行公开透明的有效"管制"；根据教育产品与服务的属性扮演不同角色，针对一些市场化程度很高的教育产品与服务以及实现企业化运作的教育部门与机构，政府应当转变直接管理者的身份，把办学竞争的利益和责任"归还学校，回归社会"；从"运动员"的角色退役，担当起监控者的角色，还政府以"游戏规则制定者"和"裁判者"的正确身份定位；通过专业化标准对学校教育教学及其他事务进行监督控制。当前政府还没有真正担当好监控者（"游戏规则制定者"和"裁判者"）的角色，通常都是担当参与者、救火员这类的角色，这种职能定位的混乱对义务教育省级统筹也是一种极大的限制。

第六章
部分国家与地区义务教育统筹概览

前文在研究综述中归纳了国外对"统筹"的相关研究。在英文里,"统筹"一词基本上与"协调"同义。协调是提高管理效率不可或缺的重要手段,做好协调需考虑相关要素、过程、关系、分工、冲突。对于教育协调而言,需要处理好政府内部与教育相关部门之间的关系,强化政府与各部门的职能意识。很多国家和地区发展义务教育起步较早,它们发展义务教育的具体做法虽不相同,但开展义务教育统筹是较为一致的做法。它们的经验对于我们有重要的借鉴意义。本章选取美国、法国、德国、芬兰和印度等国家以及我国香港、台湾地区为例,通过分析其义务教育统筹体制的确定、经费的供给、教师资源的配置等关键性问题,提炼出具有共性的特点和做法,寻找可资借鉴的有益经验,为进一步完善我国义务教育省级统筹提供参考。

第一节　美国义务教育统筹分析

美国是由 50 个州结合而成的联邦制国家。联邦制的国家结构形式决定了美国的教育行政结构为中央和地方分权,美国的义务教育以州统筹为主的经验在分权制国家中具有典型意义。

一、美国义务教育统筹的主体和内容

1. 美国义务教育统筹的主体

美国的义务教育实行中央与州两级管理，且以州管理为主。中央除立法和拨款外，不得干涉地方的教育行政事务。联邦教育部主要起规划、指导和协调作用。联邦宪法明确规定，州对本地教育有着直接的控制权，州立法机关有权通过制定法令来规定学校工作的各个细节。州政府是义务教育统筹的主体，在协调各方面关系，统筹经费、师资等方面起主导作用；在地方教育行政部门与学校的关系中，强调学校办学的自主性。

2. 美国义务教育统筹的内容

州教育法主要涉及以下内容：义务教育、课程、经费、教师、学生行为。义务教育是教育的基础阶段，是整个教育的重中之重，提供免费的义务教育是州教育法的重要内容之一。州教育法规定了义务教育的年限，目前各州普遍实施 12 年的义务教育，保证了适龄儿童教育机会的起点公平。在课程方面，各州以"全面地塑造人，塑造全面发展的人"为原则，尽量选择最适合学生全面发展的教学内容。义务教育的责任由州承担，因此义务教育经费也主要由州负担，州的教育经费主要通过法律形式来确定。州的教育法规定，教育经费的主要来源是包括个人所得税、销售税、遗产税、彩票税等在内的广泛的税收。州教育法律可以保证教育经费的来源，也可防止滥征学校税，既可以让学校名正言顺地使用经费，又避免滥用公共经费。

二、美国义务教育经费及师资统筹的策略

1. 美国义务教育经费供给的统筹策略与成效

在美国，三级政府负担公共教育经费的比重从大到小的次序为州以下地方政府、州政府和联邦政府。表 6-1 显示的是 1959—1994 年美国三级政府负担公共教育经费的比例，三级政府中联邦政府负担的比例最低。

表 6-1　美国三级政府负担公共教育经费的比例

（单位:%）

时间	联邦	州	地方
1959—1960 年	4.4	39.1	56.5

续表

时间	联邦	州	地方
1969—1970 年	7.2	40.9	51.8
1979—1980 年	9.2	48.9	42.0
1989—1990 年	6.3	48.1	45.6
1993—1994 年	7.0	45.7	47.3

资料来源：Alexander, Salmon. Public school finance［M］. Boston：Allyn & Bacon, 1995：120.

在美国，州教育行政部门向上可以向联邦政府申请教育投资，向下可以通过教育投入引导各学区的教育发展，扶持薄弱学区或学校，协调州内教育的发展。州政府通过财政转移支付制度促进教育资源在学区间均衡分配，以达到教育资源公平配置和教育均衡发展的目标。

美国是较早实行教育投资转移支付制度的国家。教育投资转移支付分两个层级。第一，联邦政府向州和地方政府的教育转移支付。主要有三种方式：一是联邦基金（Federal Funds），是国会通过法案，授权教育部拨款用于补助贫困州开展教育事业的转移支付项目，目的是协助地方发展教育事业并促进教育机会均等，故该项基金又被称为联邦均等金（Federal Equalization Funds）；二是联邦政府给予学生的各项贷款、补助和奖学金等；三是联邦教育税抵减，因为地方教育经费主要来源于财产税，对于因联邦政府而使教育受惠者少缴财产税而引起的州政府的损失，则由联邦政府予以补助。[①]

第二，州对地方的转移支付。其主要包括齐头补助（Flat Grants）、州全额补助（Full State Funding）、基准补助（Foundation Plan）、保证税基补助计划（Guaranteed Tax Base Program, GTB）、百分比均等补助计划（Percentage Equalizing Program）和学区财力均等补助计划（District Power Equalizing Program）等六种转移支付的方式。[②]

齐头补助，就是按学区的学生数计算出各学区的拨付数量，拨付款整批直接交予学区，学区可以自行决定这项拨付款的用途。

---

① 盖浙生. 教育财政与教育发展［M］. 台北：师大书苑公司，1999：137-138.

② 同①140-141.

州全额补助，由州统筹教育经费，然后按照学区学生数分配给各学区。这一制度的优点在于州内的所有学校不会因各学区财政负担能力的不同而有所差异。

基准补助，始于纽约州，就是由州政府统一规定各学区每一个学生的基本支出经费数量和基本税率，以确保每一个学生最基本的单位经费支出。

保证税基补助计划，可以提升各学区纳税人的公平感，如果地方征税的税基规模扩大，就会获得相应的补助款项的拨付。

百分比均等补助计划是指州根据地方财力的大小和教育支出的需求，来确定对于学区的转移支付的百分比。

学区财力均等补助计划，就是将富裕学区的部分税收由州政府统一征收，再统一分配用于对贫困学区的补助。

此外，美国还对处境不利的儿童给予特别的资助。1965 年颁布的《初等和中等教育法案》第 101 条的"政策声明"指出："鉴于低收入家庭儿童特殊的教育需要，以及低收入家庭的集中对地方教育机关维持足够的教育方案之能力影响，国会因此声明，联邦的政策是向那些低收入家庭儿童集中的地方教育机关提供财政援助，以通过能特别有助于满足教育上处境不利儿童的特殊教育需要的各种办法来扩展和改进他们的教育方案（包括学前方案）。"①

2. 美国义务教育师资配置统筹的策略与成效

在师资配置方面，美国义务教育学校除校长和负责总务、教务的人员外，教师多根据学校规模、所设学科和班级数量配备，没有定数。同时，为了真正实现义务教育的均衡发展，美国要求为包括少数民族和黑人在内的处境不利适龄人口培养更加适合的教师。

20 世纪 80 年代以前，美国义务教育学校的教师工资普遍偏低，这严重影响了教师队伍的建设。这一问题引起了社会各界高度关注。为了改变这一状况，各州多方筹措经费，不断提高教师工资。到 1999 年，义务教育教师平均年薪已高于公务员，在全国的 13 个行业中排到第 6 位。稳定而相对富裕的薪资收入，使广大教师可以将更多的时间和精力投入到钻研业务和提高自身

---

① 瞿葆奎. 教育学文集：美国教育改革 [M]. 北京：人民教育出版社，1990：271.

专业素质上，这为实现义务教育的均衡发展提供了重要的人员保证。

此外，为了改善教师待遇，进一步提升义务教育教师的工作积极性，美国一些州实施了绩效工资制度，比较有代表性的绩效工资方案有佛罗里达州绩效奖励方案、阿拉斯加州公立学校绩效激励方案、亚利桑那州课堂基地基金、明尼苏达州质量组织管理方案、俄亥俄州教师提高方案、得克萨斯州优秀教育者资助方案和南卡罗来纳州教师提高方案。[①]

注重对义务教育教师的培养和培训，是美国保持至今的传统。1986 年，卡耐基教育和经济论坛提交了《国家为培养 21 世纪的教师做准备》的报告，该报告提倡开展"师范硕士学位计划"，以进一步提高教师的素质。美国也为许多在职中小学教师提供不断深造，继续攻读硕士、博士学位的机会。

为了解决农村义务教育教师缺乏及严重流失的问题，1987 年，美国 35 个州建立了教师证书互认制度，为持有教师资格证书者就业和择业提供了方便。教师证书互认制度为教育行政部门统一调配师资提供了便利，有利于打破义务教育教师资源的区域和校际壁垒，构建了州域内和校际义务教育教师的交流机制，有助于实现城乡之间和州域间教育质量的均衡。

第二节 法国义务教育统筹分析

中央集权教育制度是法国共和文化的有力象征。法国是由中央政府、大区、省和市镇构成的中央集权制国家。中央集权的教育管理体制成为法国近现代教育发展的重要特点。

一、法国义务教育统筹的主体和内容

1. 法国义务教育统筹的主体

中央政府设国民教育部，中央政府以下的大区政府的教育行政部门为"学区"，每个学区与大区的管辖范围基本吻合，省级政府的教育行政主管为

---

① 马文起. 美国义务教育教师典型绩效工资方案及其政策审视 [J]. 当代世界，2009（12）：89-90.

省级教育督学，市镇政府则无专门教育行政机构。长期以来，除了小学由市镇政府负责之外，法国的教育完全由国家负责管理。学校的设立、教师的聘用、课程的制订等都由教育部负责。20 世纪 80 年代初，法国开始了教育的分权与放权方面的改革，1983 年关于分权的两个法律规定，国家继续负责高等教育，承担全国所有教师及教育管理人员的工资，高级中学则由大区政府负责投资与管理，初级中学由省级政府负责投资与管理，小学和幼儿学校则由市镇政府负责投资与管理。

2. 法国义务教育统筹的内容

法国是世界上最早实施义务教育的国家之一。19 世纪末的《费里法案》规定，对所有 6—13 岁的儿童实施强制性的教育，确立了国民教育的免费、义务、世俗三原则。1959 年法国通过第 59—45 号法令，对《费里法案》进行了修正。修正案明确规定："凡在 1959 年 1 月 1 日以后满 6 周岁的儿童、少年，不分性别及是否法国国籍，可享受义务教育，直到 16 周岁为止。"[1] 自此，法国义务教育年限延长至 10 年（6—16 岁）。[2] 其中小学教育学制为 5 年，是义务教育的初级阶段，是强制性的免费教育，凡年满 6 周岁的儿童均应由家长负责送入家庭附近的学校入学；初中教育学制为 4 年，所有完成小学阶段学业的学生均可进入初中学习，但入学年龄不得超过 12 岁；初中毕业后学生未满 16 周岁，还要接受高中一年义务教育。国民教育部负责中等教育的建设和维护，全国考试的安排和规则设置，初等教育到大学教育的课程内容，培训师资队伍，组织学校时间表等。在教育分权与放权改革过程中，地方教育行政部门作为新的政策制定者出现，其主要职能包括：建造与翻新学校设施，确定高中学校的选址，制定培训政策，等等。

二、法国义务教育经费及师资统筹的策略

1. 法国义务教育经费供给统筹的策略与成效

法国的义务教育是免费的，对学生免收学杂费、交通费，学校只收取少量的就餐费。法国的教育投入占国内生产总值的比例较高，在 20 世纪七八十

---

① 杨玲. 法国义务教育法律法规概况［J］. 世界教育信息，2004（7-8）：11.
② 2018 年 3 月 27 日，法国总统马克龙宣布，从 2019 年秋季学期起，法国将学前教育纳入义务教育体系，儿童入学年龄为 3 岁。

年代，基本维持在 6.3%—6.8%，1995 年和 1996 年均达到 7.4%。中央财政的教育拨款一般占全部财政总预算的 20% 左右。[①]

小学的日常经费由市镇负责，但市镇并未承担小学的全部日常费用，国家给予市镇一定补贴。1979 年和 1985 年的法律相继对国家"日常经费总拨款"（DGF）项目做出规定，日常经费总拨款包括基本拨款（占 40.0%）、调节拨款（占 37.5%）和补偿拨款（22.5%）。基本拨款是考虑到居民的经济承受能力，调节拨款主要是针对财政资源不平等现象提供的一种补偿，补偿拨款是对学生不利居住环境的补偿。此外，还有教师特别拨款，这是对市镇负担教师住房的一种补贴。[②]

小学的基建经费原则上也应该由市镇负责，但从事学校基建的市镇可以得到国家的资助。1996 年的财政法规定，国家根据各省人口、财政能力和市镇数量一次性拨给省里一定款项，再经省级委员会评审，给予市镇学校基建经费总额 20%—60% 的资助。

初中的日常经费由省负责，如果某一初中学生中非本省居民子女的比例超过 10%，可以向其他省要求支付一定的日常费用。

初中的基建经费原则上也是由省负责。同时，各省可以从国家获得"省级初中装备拨款"（DDEC）。拨款额度根据建筑总面积（占 30%）、原校舍建筑时间（占 15%）、班级数（占 5%）、学生数（占 20%）、出生率（占 25%）、学校负担经费（占 5%）等相关情况确定，经费由国家先拨给大区，再由大区的省级委员会主席联席会执行分配。如果联席会的各主席未能达成协议，则由大区总长决定分配。[③]

2. 法国义务教育师资配置统筹的策略与成效

法国义务教育教师均为国家公务员，教师的配置实行全国统一管理，教师和中小学校长由国家任命。教师配置的基本原则是，凡设置一个教师岗位，就必须保证教师能够满负荷工作。国民教育部对每类教师的工作量做了明确规定：小学教师每周课时数为 26 小时，小学实行包班制，每个教师必须负责一个教学班（平均为 24 名学生）的全部教学；初中教师每周课时数为 18 小

---

① 王晓辉. 法国义务教育的财政体制 [J]. 全球教育展望，2002（1）：72.

② 同①73.

③ 同①73.

时。如果达不到法定标准，教师将同时被安排在其他学校任教，以达到每名教师都能满负荷工作的要求。对义务教育教师编制的规定为：小学一般只设一名校长，全面领导学校，直接处理学校所有事宜；校长之下，即是教师，有几个教学班就配置几名教师。初中设一名校长全面领导学校，规模较大的初中可设一名副校长，设一名教务主任负责教学，一名总务主任负责财务后勤，再设一名教学顾问协助教学工作；至于任课教师的配置，则完全根据国民教育部规定的教师工作量设置岗位个数。① 中小学校的食堂工作人员等辅助人员，则由市镇政府雇佣，不属于教师编制。中小学校的校长，首先必须满足教师的条件，同时经过国家级的校长资格考试合格后方可录用，校长录用后可任职到退休。

法国义务教育教师的基本工资和岗位津贴等全部支出，完全由中央财政负担。教师工资等级的划分、标准的制定、晋级的办法以及教师个人的工作量均由国民教育部统一规定、统一管理，地方各级政府和学校没有权力擅自改变。在国民教育部经费预算中，教师工资是最大的一项支出，通常占到75%—80%，约占国内生产总值的3%。② 为了吸引更多的有志青年加入义务教育教师行列，法国政府从1989年起采取了一系列措施，如教师工资平均每年增加100—160法郎，增加教师工资外的津贴，设立方向指导津贴和超课时津贴，增设特级工资，等等。1992年法国改革师范教育，旨在提高小学教师的培养规格，使小学教师学历与初中教师持平，基本工资亦持平。政府于1984年决定取消学历较低的初中普通教育教师这一职称，初中的教学全部由证书教师担任。

此外，政府对在优先教育区③任教的教师给予特别津贴，1997年该津贴额为一年6741法郎。凡在优先教育区内小学和初中任教的教师均能享受该项津贴。该津贴计入教师工资，由国民教育部支付。经过上述一系列调整和改

---

① 高如峰. 法国义务教育教师工资制度研究 [J]. 河北师范大学学报（教育科学版），1999（3）：102.

② 同①103.

③ 法国的优先教育区是法国政府为了缩小不同社区之间教育发展不均衡现象，解决处境不利社区内学校教育质量与学业失败问题，于1981年制定的政策，旨在对处境不利社区的学校给予特别支持。优先教育区依据学校的地理位置、社会环境、学生家长的社会职业状况、学前教育入学率、小学和初中的留级率、外籍学生比例等具体指标来确定。具体内容可参见：高如峰. 法国义务教育的特别扶持制度 [J]. 外国教育研究，1999（6）：32-35.

革，法国义务教育教师的收入与工程师、会计师等大体相当，处于全国多数行业的中上游水平。

第三节 德国义务教育统筹分析

德国的教育体制从中古世纪以后开始发展，起初，受教育权只属于贵族以及神职人员，随后才逐渐普及至一般人民，受教权的普及使全民教育体系发展兴盛起来。在马丁·路德思想的影响下，普鲁士王国是世界上最早建立国民教育体系的国家之一，也是最早实行义务教育的国家。德国教育管理兼具了集权与分权的特点。

一、德国义务教育统筹的主体和内容

1. 德国义务教育统筹的主体

德国义务教育管理实行联邦政府、州政府和地方政府三级管理。文化教育由各州自治，州享有文化的自主权。州有权通过宪法、学校法和其他各种法令决定如何安排州的文化事业和学校教育事业。

1949 年德意志联邦共和国的《基本法》（宪法）规定了联邦范围包括国家对学校的监督、宗教课在公立学校作为正规学科开设等某些教育基本问题，但这些也都具体由州行使有关权力来加以实现。不过，根据《基本法》精神，联邦政府享有校外职业培训领域的立法权。[1]

2. 德国义务教育统筹的内容

在德国，教育由各地方政府管理，因此不同地区有不同的教育制度。德国实行的是 12 年义务教育制（6—18 岁），学生可以选择接受 12 年的全日制学校教育，也可以选择 9 年全日制学校教育（有些州为 10 年），再加上 3 年的职业教育。所有公立学校都是免费的，教材则是部分免费的。1619 年德意志魏玛公国就明确规定："父母必须送 6 至 12 岁的儿童入学，否则政府将强

---

① 李其龙. 德国教育 [M]. 长春：吉林教育出版社，2000：251.

迫其履行义务。"1717 年普鲁士王国的《义务教育规定》明确指出：所有未成年人，不分男女和贵贱，都必须接受教育。德国的巴伐利亚州于 1802 年颁布的初等义务教育法是德国最早实行的义务教育法，同时该州也是世界上最早施行义务教育的地区。第二次世界大战结束后，联邦德国的义务教育普及率逐年提高，到 1975 年达到 99.4%。1990 年德国重新统一后，各州的教育法中都把义务教育的年限规定为 12 年。①

二、德国义务教育经费及师资统筹的策略

1. 德国义务教育经费供给统筹的策略与成效

德国义务教育的经费由联邦、州和地方政府共同负担，联邦政府负担的比例相对较低。其中州政府主要承担的中小学经费为：人事经费——用于支付教职工的工资；教科书经费—— 一般按学生人数拨给，用于为学生免费提供教科书。地方政府承担的中小学经费为：行政管理经费——用于支付水电、暖气、粉笔、复印、电话及维修校舍和设备等费用；固定资产投资经费——用于支付新建校舍购置家具、计算机、教学仪器等费用。

德国联邦政府、州政府和地方政府分担的义务教育经费比例基本情况如下：联邦政府负担 10%，州政府和地方政府负担 90%。1994 年，德国的教育经费支出占国内生产总值的比例高达 4.96%，占国家公共预算的 14.15%，教育经费的 50% 用于义务教育。1995 年，德国用于教育的公共开支共计 1708 亿马克，其中用于义务教育部分的经费为 850 亿马克。② 1996 年德国州政府和地方政府承担中小学教育经费的基本情况为：承担中小学（1—10 年级）教育经费占国内生产总值的 2.1%，承担中小学（1—10 年级）教育经费占总教育经费的 44.7%，承担中小学（1—10 年级）教育经费占财政支出的 10.2%。③

2. 德国义务教育师资配置统筹的策略与成效

在德国，教师是一种备受青睐而又相当崇高的职业。教师是国家的公务员，只要不违法就不会失业，但对教师的要求也是相当高的。国家要求各级各

① 张坤. 德国义务教育发展特色及启示［J］. 现代教育科学，2008（3）：34-35.
② 同①35.
③ 驻德使馆教育处. 德国义务教育阶段教育经费的承担情况［J］. 世界教育信息，2002（6）：35.

类学校教师必须是大学毕业生，教师不但应当具有较高的学术造诣、丰富的教育学和心理学知识，以及教育和教学的实践能力，而且应当处处为人师表。

在职教师还必须不断进修提高，有些州还专门制定了教师进修法。德国最重要的教师进修机构是各州都建立的州一级的教师进修机构，如黑森州设立在卡塞尔的莱茵哈尔茨瓦尔特进修学校、黑森教师进修学院，巴伐利亚州设在迪林根的巴伐利亚教师进修中心，莱茵兰-普法尔茨州设在施佩耶尔的州立教师进修学校，等等。① 公立学校的教师免费参加培训，私立学校和跨州学习的教师要缴纳一定的费用。进修机构的教学人员由州文教部发放工资。此外，州还要定期拨付维护资金和其他专项资金。在教学方式上，进修培训采取远程教育与面授相结合的方式。假期班、周末班、远程教育是常用的形式。

德国要求每名中小学教师必须具备执教两门学科的能力，每名教师每周必须执教 24—28 课时。一般规定基础学校教师和主体中学教师每周教学工作量为 28 课时，完全中学教师每周教学工作量为 24 课时，实科中学教师每周教学工作量介于两者之间。

第四节　芬兰义务教育统筹分析

芬兰全国分为五个省和一个自治区，是典型的共和制国家，在义务教育管理体制上强调地方分权，中央政府制定的教育纲领只为地方发展义务教育提供基本原则和方向指引，各地方政府可自行制定适合地方需求的施教原则与措施。

一、芬兰义务教育统筹的主体和内容

1. 芬兰义务教育统筹的主体

芬兰设有国家教育部和地方教育行政部门。和世界上很多国家教育行政机构不同的是，芬兰教育部最重要的任务是规划全国教育大纲，对学校几乎没有行政领导权力。这样的管理体制下，全国的学校没有统一的教材，没有

---

① 李其龙. 德国教育 [M]. 长春：吉林教育出版社，2000：338-356.

统一的教案，选什么教材、教什么、怎么教，只要符合教育大纲的基本要求，都由任课教师自主决定。① 大多数学校有董事会，由 5 名家长、1 名教师、1 名学生和几名社会成员组成，校长任秘书，讨论课程安排、与当地社团合作等问题。在规定范围内，学校和教师享有很大自由。② 因此，芬兰的义务教育是在中央和地方政府经费保障下，以学校为统筹主体。

2. 芬兰义务教育统筹的内容

随着芬兰教育决策权的分配及演进，义务教育统筹内容也发生了一些变化，如表 6-2 所示。

表 6-2　芬兰教育决策权的演进过程

项目	1972 年	1980 年	2005 年
课程时间分配	国家普通教育委员会	部长内阁	部长内阁
课程	国家普通教育委员会	国家普通教育委员会	国家普通教育委员会/学校委员会
班级规模	部长内阁	部长内阁	地方当局
初等学校创办	国家普通教育委员会	地方当局	地方当局
初中学校创办	国家普通教育委员会	教育部	地方当局
高中学校创办	国家普通教育委员会	教育部	地方当局
职业学校创办	教育部	教育部	教育部
聘用教师	地方当局/国家普通教育委员会	地方当局/国家普通教育委员会/国家职业教育委员会/教育部	地方当局
教师认证	部长内阁	部长内阁	部长内阁
教科书审核	国家普通教育委员会	国家普通教育委员会/国家职业教育委员会	学校委员会
政府拨款	国家普通教育委员会	国家普通教育委员会/国家职业教育委员会	教育部
预算分配	国家普通教育委员会	国家普通教育委员会/国家职业教育委员会	地方当局

资料来源：乔雪峰. 第四条道路：芬兰基础教育改革政策分析 [D]. 南京：南京大学，2011：50-51

---

① 高毅哲. 寻找芬兰教育奇迹的秘密 [N]. 中国教育报，2015-01-29 (3).
② 李雪垠. 芬兰基础教育模式的成功因素探析 [J]. 现代中小学教育，2006 (3)：68.

由表 6-2 可以看出，经过 1972 年和 1980 年的改革，芬兰义务教育决策权主体实现了由过去中央层面向地方当局的转变，地方当局在确定班级规模、创办义务教育学校、聘用教师和预算分配等方面具有决策权，而教育部在教育经费拨款上具有决策权。

自 20 世纪 70 年代以来，普及九年制义务教育成为芬兰政府的一项重要国策。芬兰 1976 年开始采取小学基础教育和初中综合教育连贯的九年义务教育体制。1980 年，芬兰在全国实行了学费、书本费、医药费等全免的九年义务教育，并于 1998 年颁布了《义务教育法》。芬兰的义务教育学校绝大多数为公立学校，地方政府免费提供教材、铅笔、午餐，学校分六年初级阶段和三年高级阶段，儿童入学年龄为 7 岁，16 岁完成义务教育。分布于城乡各地的基础教育学校多达 4300 余所，比较大的学校有近千人，规模最小的不到 10 人。一般 20—25 个中小学校划分为一个教学区，特殊需要[1]学校和医院学校由区教育署直接管理。

二、芬兰义务教育经费及师资统筹的策略

1. 芬兰义务教育经费供给统筹的策略与成效

芬兰是个高收入、高税收和高福利的国家，国家税收主要用于公共设施和社会福利，当然也包括提供免费的学前教育、义务教育和高等教育。芬兰每年将国家预算的 14% 用于公共教育，教育经费占国内生产总值的 6% 以上，在教育方面的支出仅次于社会福利开支，在国家预算中排第二位。

芬兰教育经费由中央和地方共同承担，教育部负责分配中央政府划拨的年度预算。在分担比例上，中央政府按照各年级的学生数拨付 57% 的管理经费，地方政府则负担包括校长和教师工资等项目在内的 43% 的经费。[2] 教育经费的国家拨款以学生数、课程数为指标，拨付给地方当局。同时，国家教育拨款充分考虑不同地区的贫富差距，设置了 10 级级差拨款体系，对不同的地区采取差异性的资助政策。政府将最贫困的学区定为"等级一"，以"等

---

① 所谓特殊需要的儿童，是指学习有困难、有先天障碍、学习习惯有弱点、难以达到同龄孩子平均智力水平或学习能力的儿童。对这些儿童，学校应给予特殊帮助，直到他有正常学习的能力。在特殊需要学校，尽管孩子们的个性、智力水平、身体状况千差万别，但不能让一个孩子掉队。

② 李清. 芬兰的义务教育与学前教育 [J]. 教书育人，2005（10）：49.

级一"为基准对其他社区进行等级评定。按照不同等级，中央政府对教师工资给予81%—90%的拨款，对学校交通和学生住宿给予84%—93%的拨款，对其他运作经费给予5%—77%的拨款。级差拨款保证了芬兰各地义务教育经费的充足性，进而为全面均衡实施优质义务教育提供了强有力的支持，同时也极大地减轻了地方政府的财政压力。在经费的使用上，中央及地方各级政府和教育行政部门都不加干涉，由学校根据教育教学开展的实际情况自行安排和调整。

2. 芬兰义务教育师资配置统筹的策略与成效

在芬兰，教师是备受欢迎和敬仰的职业，享受国家公务员待遇，在学校政策和学校管理上也拥有相当大的决策权。因此，每年申请进入大学教育系学习的学生人数相当多。与此同时，芬兰教师的选拔、培养和准入制度用"严苛"来概括，一点也不为过。早在1980年，芬兰就颁布教育法令，规定初中教师需具有硕士学位。芬兰师范类专业的录取率只有10%。[①]《教育人员资格学位修正案》规定，从1999年起，所有中小学教师需具有硕士学位。[②]

芬兰没有专门的师范院校，教师培养工作在国家的11所综合性大学的教育学院完成。小学教师需要完成3年本科和2年硕士学习，其间每年都有为期几个月的教学实习，教育教学理论在5年学习中都有所渗透。中学教师则需要经过5年的专业学习和1年的教师培训，并通过教师资格考试，这样才能申请教师职位。

前文已经介绍了芬兰义务教育教师选拔聘用的决策权在地方当局，国家普通教育委员会、教育部等都不得加以干涉。芬兰中小学教师选拔，除了笔试、面试之外，还有心理测验、教学实践、人际关系沟通和应变能力等考评环节，以保证能录取到合格的教师。其中心理测试主要考察申请者是否能够胜任未来的教学工作，能否解决学生群体的人际冲突与融合问题。在芬兰教育专家的观念里，他们需要找的是真正具有"好教师"特质的人。"好教师"的标准是能处理各类冲突，有同理心，能和其他人合作分享，会面对与处理

---

① 高毅哲. 寻找芬兰教育奇迹的秘密 [N]. 中国教育报，2015-01-29（3）.
② 李建忠. 芬兰：走向有质量的教育公平 [N]. 中国教育报，2006-11-24（6）.

危机，以孩子为中心，能协助辅导不同学习能力的学生。^①

　　此外，芬兰也特别注重中小学校长的选拔和培训工作。芬兰的中小学校长必须由懂得教育发展规律和具有卓越领导能力的合格教师来担任。新校长的选拔包括面试、心理测验等程序。新选拔的校长必须到大学的培训中心或政府指定的教育培训机构参加行政管理方面的学习和培训，还要在国家普通教育委员会实习一个月，以后还要参加各种形式的继续教育。芬兰中小学校长培训分为新任校长的基础培训和资深校长的高级培训。基础培训的内容包括教学大纲与教学评估、学校组织管理与经费、公共关系与组织协调、人力资源管理与领导、学校战略与发展规划等。高级培训主要是促进校长的专业发展，帮助校长更好地完成学校的基本使命，成为一名好校长。^②

第五节　印度义务教育统筹分析

　　独立后的印度是联邦制国家，有 36 个邦（印度的邦相当于我国的省）和中央直辖区（相当于我国的直辖市）。从管理体制上看，根据宪法，印度教育从 20 世纪 70 年代开始实行中央和邦两级管理体制。^③ 从 1993 年开始，根据宪法修正案，教育实行三级管理体制，规定地方选区、乡和地方政府负责办学。2001 年，印度人口达到 10.27 亿，其中 65% 的 7 岁以上人口是非文盲。印度有 64 万所初级小学，19.8 万所高级小学，8.2 万所初中，3.4 万所高级中学，800 所教师培训学院。^④

---

　　① 李雪垠 . 芬兰基础教育模式的成功因素探析 [J]. 现代中小学教育，2006（3）：68-70；李水山 . 芬兰优质基础教育的特色与启示 [J]. 世界教育信息，2010（7）：87-90.

　　② 原青林 . 芬兰基础教育成功因素新探 [J]. 外国中小学教育，2007（12）：35-39.

　　③ 关于印度的教育管理体制方面的内容，请参见：崔金宁 . 印度教育现代化的历史演进研究 [D]. 西安：西北大学，2006：22-23.

　　④ 拉吉普特 . 印度教育研究国家报告 [EB/OL]. 李建忠，译 . [2011-11-12]. http：//in. china-embassy. org/chn//jy/zyjjywj/t199333. htm.

一、印度义务教育统筹的主体和内容

1. 印度义务教育统筹的主体

印度建立了由中央到邦，再到县、区的教育管理机构，主要有：中央教育顾问委员会，中央政府和邦政府的教育行政管理机构，地方政府和私人组织的教育管理机构。[①] 中央教育行政机构管理职权较大，但区域内学校的经费、师资等由邦政府负责统筹，并与地方政府的教育管理机构共同实施对学校教育的管理。

成立于 1935 年的中央教育顾问委员会，由著名教育家以及联邦议会、各邦议会、各邦和直辖区政府还有大学代表组成，主管教育的国务部长任主席。其主要职责为向联邦和地方政府就有关教育的问题提供咨询意见，负责制定教育计划、教育发展的基本方针，对教育工作进行评估，等等，是最高的教育决策部门。

第一，中央教育行政部门。1986 年，印度政府将教育部，文化、艺术、青年事务部，体育部和妇女儿童部合并成立人力资源开发部，成为印度教育的最高行政部门。在此之前，国家教育部一直负责全国教育的行政管理。1999 年，印度又将教育司（原来的教育部）分为初等教育与识字司、中等教育与高等教育司，教育司又分为局、处、科。

印度政府还设立了一些国家级的教育管理机构，协助政府制定和落实各项教育政策，如印度政府计划委员会主要协助有关教育部门制定国家未来的教育发展战略，全国教育研究与培训委员会主管学校事务，等等。

第二，邦和中央直辖区的教育管理机构。邦和中央直辖区的所有教育计划，一般由邦和中央直辖区的教育局负责制定和实施，它们根据国家宪法制定法令，管理普通教育、初等义务教育和中等教育等。教育局下设若干管理教育的附属机构，对各类学校进行指导、监督、调节。邦和中央直辖区教育管理机构既贯彻中央的原则，又因地制宜地制订地方教育计划。

2. 印度义务教育统筹的内容

印度政府非常重视教育的发展。1950 年 1 月 26 日生效的印度宪法规定：

---

① 崔金宁. 印度教育现代化的历史演进研究 [D]. 西安：西北大学，2006：22.

"国家应该努力在本法实施之后的 10 年内，为所有 14 岁以下儿童提供免费义务教育。" 1968 年出台的《国家教育政策》进一步明确和强调 "要为所有 14 岁及以下儿童提供免费和强制的教育"。这标志着印度从法律法规层面上规定了实施 8 年制免费的、强制性的义务教育。2004 年印度发布的《教育领域的 2020 年愿景报告》再次指出，"到 2020 年，印度 6—14 岁年龄段的儿童要 100% 接受初等教育"①。2005 年颁布的《教育权利法案》规定："所有未入学的儿童必须在本法案实施 1 年后就近入学；所有 9—14 岁未入学儿童在本法案实施之时已在就近学校或其他地方学校进入特别教育项目者，必须尽可能尽早就近入学，并在与其年龄相符的年级就读，达到要求的时间最晚不得超过本法案实施后的第三年。" 2009 年发布的《义务教育法案》进一步强调，面向 6—14 岁儿童实行 9 年义务教育，在此期间，所有儿童均享有获得免费教育的权利。2010 年 4 月 1 日，印度《儿童免费义务教育权利法》正式生效，为进一步扫清免费义务教育的障碍提供了法律保障。印度的学校教育统一实行 "10+2+3" 学制，即 10 年基础教育（包括初级小学、高级小学和初中）、2 年高中教育和 3 年的大学本科教育。初等教育包括两个阶段，即 1—5 年级的初级小学教育和 6—8 年级的高级小学教育，初级小学面向 6—11 岁学龄儿童，高级小学主要面向 11—14 岁的学龄儿童。② 大多数邦实施的是 5 年义务教育，只有少数邦实施 8 年义务教育。③ 普及主要包括普及教育设施、普及入学率、普及保持率和提高学校教育质量四个方面。普及教育设施指的是在初等教育阶段（小学 1—8 年级）为所有 6—14 岁的儿童提供就近入学条件，使学校与家庭住所的距离保持在初级小学步行在 1 公里之内，高级小学步行在 3 公里之内。普及入学率是指使所有 6—14 岁的儿童全部入学。普及保持率是指使所有小学生完成小学 8 年学业。提高教育质量指的是不断更新课程，使之适应儿童的需求和社区的需要。④

① 安双宏 . 印度教育发展的经验与教训 [J]. 教育研究，2012（7）：132-133.
② 安双宏 . 印度基础教育发展热点问题评析 [J]. 教育发展研究，2010（4）：72-75.
③ 田继忠 . 赴印度基础教育考察报告 [J]. 宁夏教育科研，2006（3）：40.
④ 同③40-42.

二、印度义务教育经费及师资统筹的策略

1. 印度义务教育经费供给统筹的策略与成效

印度《义务教育法案》第7条规定，"联邦政府有责任为执行免费义务教育权利法案提供经费支持"；第8条规定，"各级政府应该确保就近建立学校，并提供诸如校舍、教职员工及学习设备之类的基础设施和必要资源"。目前，印度已经在较大范围内实现了免费的义务教育，义务教育阶段学生基本上是免费接受教育。他们每年只需要缴纳144卢比（折合人民币约30元）的"政府福利基金"。此项费用用于学校小规模的校舍维修、举办文体活动等。2009年，印度还全面实施了义务教育学校的免费午餐计划。①

印度义务教育经费主要由中央政府和邦承担，其间也经历了一些变化。

1947—1986年，印度邦政府承担教育经费筹措的主要责任，全国教育经费支出从1950年的不足GDP的1%增长到1986年的3.4%。1993—2002年，全国公共教育经费支出占GDP的比例由3.6%增加到4.1%，其中基础教育经费支出占GDP的比例由1.7%增加至2.1%，占同期全国公共教育经费支出增长部分的60%，这一阶段联邦政府用于教育方面的支出占全国公共教育经费总支出的比例也提高到了15%。②

表6-3反映的是2003—2007年印度义务教育经费来源结构的基本情况，从中可以看出，印度义务教育经费主要来源于中央政府、邦和中央直辖区。义务教育预算内总经费呈现逐年增长的态势，义务教育预算内经费占总教育经费的比例由2003年的49.79%逐年增长到2007年的54.61%，表明政府对义务教育投入在逐年增加。从中央、邦和中央直辖区的分担比例看，中央政府负担的义务教育预算内经费比例要低于邦和中央直辖区。以2003年为例，中央投入占总预算内教育经费的比例为14.3%，邦投入占总预算内教育经费的比例高达84.7%，中央直辖区的投入占总预算内教育经费的比例为1%，邦和中央直辖区投入比例接近85%。

---

① 喻小琴. 印度义务教育经费管理的政策经验及思考 [J]. 教育导刊, 2012 (8): 37.

② KIN B W, VENITA K, DEEPA S. The quiet revolution: how India is achieving universal elementary education [J]. Finance and development, 2005 (42): 60.

表 6-3　2003—2007 年印度义务教育经费来源

（单位：千卢比）

年份	预算内总经费	中央	邦	中央直辖区	预算内总经费占总教育经费的比例（%）
2003	363659751	52034490	307947148	3678113	49.79
2004	418741673	76921800	334875235	6944638	51.52
2005	501819912	117512200	381183083	3124629	53.11
2006	600628421	167349100	425746838	7532483	54.33
2007	712991901	203104000	500501496	9386405	54.61

数据来源：根据沈有禄的博士后出站报告《中国、印度基础教育发展与均衡政策比较研究》提供的数据整理而得。

印度义务教育经费除了来自中央、邦和中央直辖区的拨付外，还有来自农业部、弱势群体福利事务部、妇女儿童发展部的支持。2003—2004 财政年度，来自这些渠道的资金占印度初等教育经费的比例达到了 19%。[①] 同时，印度政府还积极谋求世界银行、联合国教科文组织、经合组织等国际组织以及瑞典国际发展开发署等发达国家的非政府组织的支持，以期获取更多的教育经费。

2. 印度义务教育师资配置统筹的策略与成效

印度一直以来是一个尊师重教的国家，政府充分肯定教师在国家社会经济发展中的不可或缺的作用，教师是一个普遍受到尊重的职业。1986 年发布的《国家教育政策》就明确指出："教师地位反映了一个社会的文化精神，可以说，没有谁能凌驾于教师之上。"[②] 印度教师的社会地位较高，中小学教师的收入达到了同等学力公务员的水平。[③] 独立后经过多年的努力，印度逐渐形成了包含多层次、多类型的教师教育机构的具有特色的教师教育制度。2010 年颁布的《义务教育教师任职最低资格标准》规定，初级小学教师必须高中毕业，获得两年制初等教育专业学习文凭，并通过教师资格考试；高级小学教师必须大学本科毕业，获得一年制教育学士专业学习文凭，或高中毕

---

① KULLAR H. 印度的初等教育 [J]. 南亚研究，2011（2）：146.

② 顾明远，梁忠义. 世界教育大系：印度教育 [M]. 长春：吉林教育出版社，2000：262.

③ 薛正斌. 印度义务教育师资队伍建设对中国的启示 [J]. 外国中小学教育，2011（1）：38.

业，获得四年制初等教育学士专业学习文凭，并通过教师资格考试。教师从教必须参加教师资格考试。2011 年印度颁布了教师资格考试标准，初级小学和高级小学教师分别组织资格考试。印度的教师资格考试属于标准化考试，试题全部为多项选择题，内容涉及儿童发展、教育学以及语言、数学等相关学科内容。[①]

印度义务教育教师的培养主要依托师范教育，由师范学校或师资培训学院、师范学院或大学附属的学院及地区教育学院实施。此外，为了进一步满足免费义务教育实施特别是农村免费义务教育对教师的需求，印度还通过在当地（农村）招聘教师的方法补充师资，要求"在农村和部落地区招聘教师，应尽量选择本地人，并在必要时，放宽合格教师的要求"[②]。

印度为培养合格的教师，除了加强师范教育外，还重视教师培训。成立于 20 世纪 60 年代的全国教育研究和培训委员会的主要职责就是培训中小学教师。印度的师范教育主要是按学校教育阶段培训教师的，培训分为职前培训和在职培训，现在从中央到邦再到县都建立了教育培训学院。教师培训学院和其他师资培训机构都负有对教师培训的任务，其做法是利用夏季进行面授，其他时间开展函授。为了加强在职培训并保证质量，全国师范教育委员会提出，职前教育和在职教育应保持一贯性，职前教育的目标和奖励办法在在职培训计划中应有所反映。凡经过学习获得证书者，其证书需经过邦政府或雇佣单位认可方能有效。

第六节　我国香港和台湾地区义务教育统筹分析

由于历史原因，我国香港、台湾地区的教育一直呈现着中西融合的特点，同时又各具特色。近 20 年来，随着社会经济的快速发展，香港和台湾地方政府在加大宏观管理力度的同时，也不断调整教育政策，呈现出多元化的办学特色。

---

① 李建忠．印度提出 10 年义务教育新目标［N］．中国教育报，2011-07-12（4）．
② 瞿葆奎．教育学文集：印度、埃及、巴西教育［M］．北京：人民教育出版社，1991：388．

一、香港地区义务教育统筹分析

1. 香港地区义务教育统筹的主体和内容

香港回归祖国前是英国的"直辖殖民地"（Crown Colony），以维持英国对香港的管治为核心。1997年香港回归后，香港特别行政区的公共管理体制的构成主要包括行政长官、行政机关、立法机关、司法机关、区域组织和公务人员等，这些构件各有其职责权限、运作原则，它们相互合作、协同运作。[1]

香港的教育行政机构可分为三个层面：第一个层面即最高层面，是教育局（1997年7月1日至2007年6月30日间称教育统筹局）；第二个层面即中间层面，包括大学教育资助委员会、学生资助处、香港考试及评核局、学术及职业资历评审局、职业训练局；第三个层面是学校行政组织。香港呈现多元办学的模式，特区政府只管理少量的公立学校，绝大多数学校是通过政府资助，由各种形式的办学团体来管理的。办学团体一般是由教育部门、工商界以及学生家长和社会人士组成，学校的办学方向、办学形式及人事管理等有关事项由董事会来决定，以实现对学校的领导。自1991年起，香港开始推广"校本管理"作为教育改革的新措施，进一步扩大了学校在决策中的主体性，增强了学校自主权。

1965年香港地方政府颁布的《1965年白皮书：教育政策》就将普及六年制小学教育列为发展目标，1971年普及小学免费教育得以实现。《1974年白皮书：香港未来十年之中等教育》明确规定，"到1979年时对所有儿童提供九年免费教育"（小学六年、初中三年），这一目标在1978年9月就得以实现。[2] 从此，所有的小学毕业生均可修读三年初中课程，而且不再交纳学费。教育行政部门对强制家长执行子女入学的权限相应扩大，适用于15岁以下儿童的家长。这样，香港实现了九年义务教育的目标。

2. 香港地区义务教育经费供给统筹的策略与成效

在香港回归前，港英政府十分重视对教育的投入。如，1965—1966年度政府教育投入为2.14亿港元，1971年度升至近5亿港元，1979年度达到

---

① 陈瑞莲，汪永成 . 香港特区公共管理模式研究 [M]. 北京：中国社会科学出版社，2009：3，14.

② 李明华 . 香港教育体系的特点及其未来走向 [J]. 比较教育研究，1997（6）：2.

23.25 亿港元，1989 年度则达到 116.14 亿港元（占政府总开支的 17.5%，占该年度香港地区生产总值的 2.7%）。1992—1993 年度的教育经费达 220 亿港元，1993—1994 年度的修订预算为 252 亿港元（占政府总开支的 15.9%），1994—1995 年度的修订预算为 292.2 亿港元（占政府总开支的 17.1%，占该年度香港地区生产总值的 2.87%）。在这些教育经费的开支中，基础教育经费约占 70%。20 世纪 80 年代以来，除个别年份外，政府教育经费的增长率均高于同年香港地区生产总值的增长率。如 1988—1989 年度，香港地区生产总值的增长率为 16.9%，而教育经费的增长率达到 21.7%；1989—1990 年度，香港地区生产总值的增长率为 13.9%，而教育经费的增长率为 15.1%。①

回归祖国后，香港特别行政区仍然十分重视教育投入。2002—2003 年度对教育的投资由 1994—1995 年度的 338 亿港元增加到了 548 亿港元，香港地区的生均教育投入超越澳大利亚、日本、法国、德国、英国、韩国，仅次于美国。2006—2007 年度的教育投资达到了 564.5 亿港元，占特区政府年度财政收入的 23%，占香港地区生产总值的 3.9%。②

1998 年，香港投入约 50 亿港元成立了"优质教育"基金，用于支持提高香港教育质量的各个项目。该基金成立以来，已有耗资约 17 亿港元的 6367 个项目得到了资助。其中，1998—2005 年，中学和小学共获批 5126 个项目，约占获批项目的 81%；获得资金 129680 万港元，约占获批资金的 74%。其中最大的受益者是中学，共吸纳了约 8.9 亿港元的资金以支持 2697 个项目；第二大受益者是小学，同期吸纳了约 4 亿港元的资金以支持 2429 个项目。③

3. 香港地区义务教育师资配置统筹的策略与成效

香港回归前，其教育政策就对资助小学教师的编制分配有了具体的规定。不同的学校规模，其校级领导、各种职称的教师比例、教职员编制总数都有不同规定。如班额为 10 个的学校，设校长职位 1 个、主任职位 2 个、文凭教师 10 个，教师总数为 13 个，政府则按照这些规定拨付教育经费。

① 李明华. 香港教育体系的特点及其未来走向 [J]. 比较教育研究, 1997 (6): 2.
② 香港教育统筹委员会. 教育统计 [R]. 香港: 政府物流服务署, 2006.
③ 王泓萱, 王祥. 香港教育质量保障体系探略及启示 [J]. 贵州师范大学学报（社会科学版), 2009 (3): 121.

香港地区有关教育法规对教师资格与训练做了明确规定，以维持敬业乐业和高素质的教师队伍。在教师职业资格方面，有关教育法规规定，任何有意在学校任教的人士，必须根据《教育条例》的规定注册为检定教员或准用教员。检定教员是具备《教育条例》认可的教学资格的人士，准用教员是只持有学历的人士。准用教员可在指定学校教授指定科目。

为保证教师的质量，香港还专门制定了一项"全员培训，全员毕业"的政策，即确保2004—2005学年参加中小学职前教师培训计划的毕业生都可以拿到学位。数据显示，香港拥有本科或本科以上学历的中学教师比例从1995—1996年度的54.3%增加至2005—2006年度的88.3%，本科及以上学历的小学教师比例则从1995—1996年度的11.0%增加到了2005—2006年度的71.4%。

为了加强教师培训，香港于1994年将四所师范学院和一所语言学院合并成为香港最大的教师培训基地——香港教育学院，并在1997年正式纳入香港大学教育资助委员会的旗下，这标志着政府在教师教育中分权的开始。

政府授权成立于1993年的师训与师资咨询委员会对教师素质进行监察，对教师的继续专业化发展和职业地位相关政策的制定进行监督，并专门拨付了2000万港元建立教师及学科教师资质的核心认证，并努力使公众了解教师教育的价值取向。师训与师资咨询委员会极力倡导教师资质构架的发展性处理。2003年，该委员会发布的《专业的学习、学习的专业》就提出了一个从四个相关领域对教师资质进行规定的构架，支持鼓励广大教师尤其是新教师向同行和前辈学习，从继续专业化发展中受益，从新手成长为富有经验的甚至是专家型的教师。政府还要求所有教师必须参加一个历时3年、至少150个小时的继续专业化发展试验，该试验是师训与师资咨询委员会教师资质架构中的一个重要组成部分。

香港地区校长任用选拔和发展，较长时间内是由学校的办学团体自主安排的，这种发展安排缺乏专业性和连贯性。正式的校长发展政策在2002年的《校长持续专业发展》中才得以首次阐明。该文件确立了职前校长认证制度，明确了对校长、副校长等激励的各种要求和标准。另外，校长发展还得到了"校长支持网络"项目的支持，该项目鼓励经验丰富的校长以兼职形式对其他校长在课程领导以及人力资源管理方面的专业学习给予支持。

二、台湾地区义务教育统筹分析

1. 台湾地区义务教育统筹的主体和内容

台湾地区教育行政最高机构主管学术文化及教育行政事务，地方设"教育厅"或"教育局"，主管该地区学校教育与社会教育的行政事务。县市设"教育科"或"教育局"，负责本地学校管理。从教育行政管理机构设置看，台湾地区是一种典型的直线式领导，其权限从上至下，由大到小，是典型的集权式管理。

台湾地区的义务教育是对6—15岁儿童实行的免费、强制性的教育。台湾地区规定，凡6岁至15岁的儿童，应受义务教育。义务教育分为两个阶段，前6年为小学教育，后3年为中学教育，其教育以实现儿童"德、智、体、群、美五育均衡发展"为宗旨。2010—2011学年，台湾地区共有小学2661所，教师99541人，学生1519456人；中学740所，教师51991人，学生919802人。[①] 目前台湾中小学校的教育教学设施设备等的投入基本一样，办学的硬性条件也基本相同。政府和学校的责任边界清晰明确：政府的责任是确定经费拨款、教师资格及编制、办学条件，以及工资、课程等方面的标准；学校的责任则是依据政府确定的各项标准做出经费预算、建设申请以及学校发展计划，有效实施教育教学。

2. 台湾地区义务教育经费供给统筹的策略与成效

台湾地区制定了教育经费编列与管理方面的细则，明确了各级政府的教育经费支出比例，规定各级政府教育经费预算合计应不低于该年度预算筹编之前三年度决算收入净额平均值的21.5%。在财政支出中，教育经费所占比例在18%以上，各级政府的财政支出有三分之一甚至五分之二以上用于教育。

台湾地区教育经费编列与管理制度要求建立客观公平的分配机制，规定了教育经费的基本需求标准，确保经费分配上的公平和经费使用的效率。

3. 台湾地区义务教育师资配置统筹的策略与成效

在台湾地区，教师是一个令人羡慕的职业，也是一个难以谋求的职业。

[①] 蔡丽红. 台湾义务教育均衡发展状况及评述 [J]. 东北师大学报（哲学社会科学版），2011（5）：167.

台湾中小学校教师月工资一般在 4 万元新台币左右，比同级公务员工资要高出 3000—5000 元新台币，另外由于不必缴纳个人所得税，台湾中小学教师的工资比同级公务员年均要高出 6 万—7 万元新台币。同时，学校教职员工在购买住宅、应急贷款、带薪休假等方面也享受一系列的优惠政策。

台湾地区的师范教育一直占据教育发展的重要地位，为健全的义务教育师资培养提供了根本保证。台湾地区确立了义务教育教师终身进修制度，以强化教师专业能力与素养；注重教学研究，除通过增加专项经费鼓励教师开展教育教学研究和教学实验外，还将原来的教育资料馆、教师研习会、编译馆等机构合并重组，筹建了以推动教育改革的研究、实验、推广、参谋、咨询为主要目标的"教育研究院"。

台湾地区对义务教育教师的管理极为严格。例如，不允许教师搞有偿家教，有偿家教被认为是索贿、受贿，一经发现，教师就会被学校辞退。

第七节　部分国家与地区义务教育统筹的共性特点

前文对美国、法国、德国、芬兰和印度等国家，以及我国香港和台湾地区的义务教育统筹进行了简要的阐述和分析。分析和总结这些国家和地区义务教育统筹的共性特点，可以为我国正在实施的义务教育省级统筹提供有益的借鉴。

综合起来看，上述国家和地区在义务教育统筹中，呈现出以下的共性特点。

一、以法律或地方法规形式明确政府统筹义务教育的权力和责任

从国家层面上讲，美国和德国都是联邦制国家，这两个国家从其宪法到具体的义务教育法律法规，都非常明确地规定了省级政府在义务教育发展过程中对于人、财、物进行统筹的权力和责任。从地区层面上看，我国香港和台湾地区都有相关的地方性教育法规对政府统筹进行具体规定，在这里不再赘述。以下只对中央集权制的法国开始实施的教育地方分权加以简单的阐述。

法国宪法明确规定，教育是国家的事业，一切教育必须受国家的指导和监督。中央通过大学区、各省的学区督学公所和市（镇）教育委员会三级管理层发挥其在教育行政管理方面的作用，在学校管理中居于中心地位。但20世纪80年代中期以来，法国也开始实施教育管理的分权、放权工作。1982年法国公布了《地方分权法》，1983年公布了新的《权限分配法》，1985年公布了《非集中化法》。1983年，国家将行政、财政、人事、教学等方面的部分权力逐级下放给学区、省、市镇及学校。1985年颁布的《非集中化法》明确规定，国民教育部负责制定教育方针，编制教学大纲，负责教师招聘和职位设置；学区负责管理高中，省管理初中，市镇管理小学。各级地方政府对自己分管的教育机构可以行使制定教育规划、决定扩建校舍、购置设备等权力。省级政府对初中教育负有责任，市镇级政府对小学和学前教育负有责任。①

综合起来看，无论是采用分权教育行政管理体制的国家和地区，还是中央集权制的国家和地区，对于强化省级的义务教育统筹的权力与责任都有着明确的规定。

二、义务教育省级统筹下中央政府的作用不可替代

抛开我国香港和台湾地区不论，义务教育省级统筹并不等于省级政府大包大揽省级义务教育的人、财、物供给及其配置，中央政府具有不可推卸的责任和义务。从政府治理变革的角度来看，义务教育省级统筹并不是要减少中央政府的责任，而是为了更有效、更有针对性地促进各省份因地制宜发展义务教育，最终实现全国范围内的义务教育均衡。从公共产品理论和教育公平理论的角度来看，中央政府对于义务教育这一纯公共产品的供给及缩小并最终消除省际差异有着不可推卸的责任和义务。从统筹学的角度来看，中央政府具有包括制定义务教育法律法规等宏观统筹的职能和优势。以下仅就实施分权制的德国和美国加以分析和阐述。

一是设立协调管理义务教育的机构。联邦制的国家由于州政府对于义务

① 檀慧玲，赵艳芳. 法国中央与地方教育立法关系的调整 [J]. 河北大学学报（哲学社会科学版），2007（5）：86；余芳，贺江群. 当代法国教育行政职能的转变及其启示研究：系统的观点 [J]. 黑龙江教育学院学报，2009（4）：34-36.

教育发展具有决定权，而为了实现全国义务教育的均衡发展，就必须构建中央政府与地方政府，以及地方政府间的协调沟通机制。这里以德国为例加以分析。根据 1949 年制定的《基本法》，德国在文化教育领域实行各州自治的联邦制，州享有文化的自主权。1969—1971 年，《基本法》做了几次修改，扩大了联邦权限。1969 年 10 月，联邦德国首次建立了中央一级的教育行政机关——联邦教育和科学部。其职责主要是对教育改革和发展提出规划，在促进跨越地区范围的重大科学研究方面与各州进行合作，还可以通过提出建议和控制拨款来影响各州教育。在德国，还有文化教育部长会议等在内的协调联邦与州、州与州工作的机构。如 1949 年成立的协调各州教育事宜的重要机构——文化教育部长会议，该机构是由各州教育部长自愿参加组成的相互协调和互通情报的工作团体。该机构主要是按照各州共同的要求协商处理跨地区的文化教育事务，协调联邦的教育政策。该机构于 1995 年通过了《中小学决议草案》，对教师提出了教育、教学、评价、咨询，以及与学生、家长、领导及同事精诚合作创建学校文化和积极参与教育改革等等方面的具体要求。[①]

1970 年联邦德国成立了联邦与州教育计划委员会，该委员会原来由 11 个州各派一名代表和联邦政府的 7 名代表组成。东西德合并后州代表变为 16 名，联邦代表增加到 8 名。该委员会的主要任务是为德国提出教育发展总规划，制定教育经费预算建议等。[②]

二是提供经费和物质资源支持。关于德国联邦政府负担义务教育经费的内容在前文已经有过论述，这里不再赘述。为了应对经合组织 2001 年公布的国际学生评估项目（PISA）中德国学生综合表现较差的情况，联邦教研部实施了"未来教育和关怀"工程，计划在 2003—2007 年，共投入 40 亿欧元，将三分之一的学校改建为全日制学校。政府希望通过该工程的实施提高教育质量，增强德国中小学生的国际竞争力。[③]

关于经费和物质资助，美国联邦政府也有具体的规定和做法。[④] 如 1965

---

① 李其龙. 德国教育 [M]. 长春：吉林教育出版社，2000：252.

② 同①252-256.

③ 陈仁霞. 德国义务教育改革大刀阔斧 [J]. 世界教育信息，2004（7-8）：14.

④ 关于美国联邦的经费支持等，请参见：张维平，马立武. 美国教育法研究 [M]. 北京：中国法制出版社，2005：39-40.

年《初等和中等教育法案》就对义务教育阶段学生的经费和物质资助的类型、数额及申请条件进行了详细明确的规定。如第一款就规定，为满足低收入家庭儿童的教育需求，需向其所在的地方教育机关提供财政援助。拨款的类型分为基本补助金和特别鼓励补助金，拨款期限自 1965 年 7 月 1 日起到 1968 年 6 月 30 日止，资助的数额为各州每个在校学生的平均教育支出乘以低收入家庭学生数量（家庭年收入不足 2000 美元的家庭为低收入家庭）；联邦援助资金要求各州提供配套资金，所以富裕和慷慨的州将获得更大的份额；乡村中小学只有上交具体的帮助贫困儿童的计划才能获得资金；这部分计划还为非公立学校提供收音机、电视机、自动化教室和教具。

三、义务教育省级统筹注重人、财、物统筹

义务教育省级统筹就是由省级政府对义务教育发展的人、财、物实行统一筹划，实现人、财、物资源的最大利用效率，进而最终实现省级义务教育均衡发展。结合上述国家和地区义务教育统筹的实践，可以看出人、财、物是义务教育省级统筹的主要内容。

义务教育省级统筹的"人"主要包括义务教育适龄人口、义务教育教师及校长。对于义务教育适龄人口而言，省级政府需要在充分预测的基础上为他们提供免费的、强制的义务教育，需要统筹省域内义务教育的年限和学制。前文所述的国家和地区在义务教育年限上有的是 9 年，有的是 12 年，而九年义务教育在学制方面也分为五四制和六三制。就义务教育教师而言，要统筹规划省域范围内义务教育教师的准入标准，包括学历、学科知识及能力等标准，教师及教辅人员、安全保障人员、学校卫生健康人员、学校食堂人员等的编制，教师及相关人员的职业规范、工作量，教师的待遇、培训等。就义务教育学校校长而言，应该由省级政府确定义务教育学校校长的准入标准、校长的责任和义务等。上述国家和地区在各个方面都有明确的规定，并采取了一系列包括将教师和校长纳入公务员系列等的激励措施。特别值得一提的是，部分国家和地区的义务教育教师编制比较宽松，有的甚至是由学校按照需求来自行确定。

义务教育"财"的省级统筹主要是指在省级统筹背景下如何保证义务教育经费的充足性。综合起来看，前面列举的美国、法国、德国、芬兰、印度

等国家都实现了免费的义务教育，都建立了较为合理的中央与地方分担义务教育经费的机制，政府教育投入占 GDP 的比例都达到或超过了 4%，义务教育经费占政府教育经费支出的比例基本在 50%以上，并实现了政府的义务教育经费逐年递增。

义务教育省级统筹中的"物"指的是义务教育学校发展过程需要耗费的校舍、操场、图书、教室等固定资产。上述国家和地区，制定了义务教育学校的办学标准，有的国家或地区甚至细化到学校窗户大小、通风口的设置等内容，并且这些标准是全国或地区统一的。

此外，在义务教育省级统筹的机制方面，上述国家和地区除了构建了较为完善的义务教育的人、财、物保障机制外，还构建起了较为完善的监督评价机制。比如，有的国家在中央层面设立国家督学，对义务教育省级统筹中出现的问题及时加以纠正，以确保义务教育在省级统筹的前提下均衡、有效地发展。

第七章
完善我国义务教育省级统筹的对策建议

2006 年修订后的《义务教育法》颁布实施后，我国的义务教育得到了快速发展。但在发展过程中，由于省际差异、省内差异、校际差异、城乡差异扩大，教师队伍不稳定，加上盲目推行义务教育学校布局调整等原因，部分地区义务教育质量出现下滑。正是在这样的背景下，教育部适时提出了实施义务教育省级统筹的发展策略。但义务教育省级统筹对于我国而言还是一个新生事物，如何有效推进实施并最终实现义务教育的均衡发展，是一个十分现实的问题。

本书第三章研究了我国义务教育从实施管理到统筹的历史演进过程，力求从中找出有规律性、针对性的做法。第四、第五章研究了我国义务教育省级统筹现状、存在的问题及其原因，试图弄清当前我国义务教育省级统筹中存在的突出问题，找出解决问题的途径和办法。第六章按照义务教育省级统筹理论框架脉络，进行了比较研究，希望借鉴经验，帮助我们解决实际问题。统筹本身是以问题为导向，涉及顶层设计、协调等内容，故本章更多的是从宏观层面提出解决问题的对策建议，而不是解决每一个微观问题。

第一节　科学界定义务教育省级统筹主体的权责

在政府治理变革的前提下，中央政府要由原来的"全能政府"转变为"有限政府"，在义务教育的发展中主要负责宏观调控及转移支付工作，省级政府成为义务教育发展的主体。按照教育部原副部长郝平的讲话和《教育部

2014 年工作要点》的相关表述，在义务教育省级统筹中省级政府作为统筹主体的职责主要包括：在全面贯彻党的教育方针和教育政策的前提下，自主确定义务教育均衡发展的目标、规划和重点，切实履行教育改革、发展和稳定的职责；统筹推进省域义务教育均衡发展，提出义务教育省级统筹的总体方案、路线图和时间表；统筹城乡义务教育发展，健全城乡义务教育发展一体化的体制机制；统筹义务教育与本省经济社会协调发展，为本省适龄儿童提供就近入学的公平的教育机构；统筹保障义务教育经费投入，财政支出应给予义务教育优先保障，扩大社会资源进入义务教育领域的途径，加大对省域内经济欠发达地区财政支持力度；统筹推进义务教育综合改革，研究确定省域内的义务教育改革与发展的重点难点问题，优化省直部门的教育职能配置、工作流程，严格义务教育省级统筹的绩效管理，强化义务教育省级统筹的督导。

按照《义务教育法》规定，结合对义务教育省级统筹内容的分析，省级政府作为义务教育统筹主体，主要负责统筹全省的义务教育发展规划、师资队伍、教育经费和学校的教学设施。此外，省级政府还应承担与中央政府及各部门、省级政府各部门，以及与地方政府及相关部门的沟通工作。

中央政府及相关部门在义务教育省级统筹实施过程中应该主要承担如下几个方面的职责：

一是进一步完善义务教育均衡发展的国家标准。义务教育均衡发展不是静态的，而是动态的。因此，随着国家和各省份社会经济发展，以及广大人民群众对义务教育需求的不断发展变化，义务教育均衡的内涵和外延也会发生变化，因此，中央政府需要确立适应国家和义务教育发展需要的国家标准，为各省份推进义务教育均衡发展、提升义务教育质量水平提供方向性指导。

二是进一步明确和落实中央政府在省级义务教育发展中的财政责任。中央财政在义务教育均衡发展中承担着分担部分义务教育经费以及转移支付的责任，这就需要中央财政一方面在中西部地区省份义务教育经费承担上明确责任，特别是分担比例，如能否加大中央财政的分担比例等；另一方面要加大对义务教育经费支出的监督检查，防止中央拨付教育经费被挪用，等等。此外，中央财政还应该对义务教育转移支付加以规范，特别是监管义务教育专项经费拨付和赋予省级政府乃至学校经费的灵活使用权。

关于市（州）、县在义务教育省级统筹中的责任，将在下文加以分析。

第二节　理顺义务教育各相关部门的关系

有效实施义务教育省级统筹，必须理顺省级政府与中央政府及各部委的关系，理顺省直六大部门的关系，理顺省级政府与市（州）、县的关系，理顺省级政府与义务教育学校的关系。这里主要分析前三者。

具体而言，理顺省级政府与中央政府及各部委的关系，就是要理顺省级政府与教育部、财政部等中央部门的关系。首先需要明确义务教育省级统筹必须服从中央的相关法律法规和政策的要求，这是一个大前提。在此基础上，省级政府统筹机构应该注意与教育部和财政部等相关部委建立常态化的协调沟通机制，尽量减少中央政府及相关部门与省级政府因信息不对称而造成的政策失误，如前文已提及的"普九"带来的巨大教育资源浪费，以及盲目推行的学校布局调整，等等。其次，协调沟通机制的建立有利于中央政府及相关部门充分把握各省具体情况，避免"一刀切"。各省的经济、文化、科技及教育发展水平各异，直接影响着义务教育发展的水平。中央及相关部门在确定义务教育的分担比例、转移支付的额度及用途时只有做到有针对性，才能真正解决问题。如前文提及的中央拨付的校舍修缮款项，有的省份其实并不需要进行校舍修缮，但因为中央没有别的项目，为了得到中央的经费，只能编造假报告，这样会导致中央有限的经费无法发挥作用，特别是真正需要修缮校舍的学校，得不到较为充足的资金。

此外，从行政管理的角度来看，省级政府隶属于中央政府，所以义务教育省级统筹还需要中央政府秉承政府治理变革的理念，真正做到放权于省级政府，只通过相关法律法规和经济手段来宏观调控省级义务教育的均衡发展。为了实现这一目标，国家需要制定相关的法律法规明确中央与地方（特别是省级政府）在义务教育发展中的职责权限，建立健全中央与地方互利合作的关系和地方利益的表达、协商会商机制。具体而言，完善现行宪法中的有关规定，抓紧研究确定中央与地方在行政管理领域的职责，分别制定地方各级人大和地方各级政府的组织法，并建立对中央与地方权限争议的裁决机制。

理顺省直六大部门之间的关系，即省委系列的编办、组织部，以及隶属于省政府的财政厅、教育厅、人社厅和发展改革委之间的关系。这六大部门直接关系着义务教育发展的人、财、物及义务教育具体实施的方方面面。就我国目前的情况而言，需要协调好教师的编制问题、各级教育行政部门领导及工作人员和义务教育学校校长的任免问题、义务教育经费投入包括省级转移支付问题等。

就编制而言，省级统筹机构需要如实反映当前义务教育教师编制存在的"总量超编、结构性缺编"与"中心学校超编，教学点缺编"的问题。能否实现省级义务教育教师编制单列，根据实际情况确定教师编制定额，是十分现实的问题。在各级教育行政部门领导及工作人员和义务教育学校校长的任免上，我国可以借鉴法国的做法。法国的教育行政管理体制为专家型的体制，教育行政领导者必须获得一定学位，熟悉并从事过教育工作，外行是不可能担任教育行政部门的领导的，这体现了教育行政专业化的特点。① 在访谈和相关调研中笔者发现，由外行担任教育行政领导的情况较为普遍（在调研中发现某省一个贫困县的教育局局长就是刚从该县计生办调任过来的），这不利于义务教育的良性发展。

在义务教育经费拨付方面，除了实施义务教育经费单列外，还需要与省财政部门协调好全省义务教育经费的差异化拨款，以及转移支付的问题。就转移支付而言，可以借鉴美国、德国和法国的做法，以一般性转移支付为主，专项转移支付为辅②。此外，转移支付要打破"按比例返还税收"和"一般性转移支付比例过低"的制度束缚，确立"向县（市、区）政府倾斜、重心适度下移"的财政转移支付制度。在税收返还上，要建立向税收上解低于平

---

① 李帅军. 法国教育行政管理体制的考察与启示［J］. 外国中小学教育，2003（1）：21.

② 政府间财政转移支付可分为一般性转移支付和专项转移支付。前者通过公式法拨款，不规定资金的使用方向，也不附加条件，主要用于平衡地方政府之间的财力，缩小不同地区间的收入差别；后者通过项目运作的方式拨款，规定了资金的特定用途，接受方无权变动，而且通常还要接受一些附加条件（如必要的配套资金），一般用于提供特定的公共产品。参见：刘泽云. 西方发达国家的义务教育财政转移支付制度［J］. 比较教育研究，2003（1）：36.

均值的县（市、区）按"50%+［50%-市（县、区）上解税收比例］"返还税收的新机制；在一般性转移支付上，要建立基于县（市、区）基本公共教育服务数量和水平的不低于当地教育总支出水平 70% 的省级纵向财政转移支付制度。[①]

理顺省级政府与市（州）、县的关系，主要是指在义务教育省级统筹过程中一方面要防止省级政府统得过多、统得过死，要按照政府治理变革的要求，适当下放权力，充分发挥地方促进义务教育均衡发展的积极性；另一方面要明晰市（州）、县政府的具体责任和权力边界，防止出现市（州）、县地方政府的"越位"和"错位"。具体而言，在义务教育省级统筹过程中，在明确省级政府与市（州）、县政府之间的协同关系而非领导与被领导的关系前提下，明确市（州）、县政府如下几个方面的权力和责任。

一是市（州）、县政府应该成为义务教育省级统筹机构可靠的"信息源"。也就是说，市（州）、县政府要向省级统筹机构准确提供关于本地义务教育发展现状的信息，包括适龄人口数、教师数、学校数、学校基本布局、学校设施设备、义务教育经费等，以及未来一段时间义务教育资源方面需求情况的论证报告。

二是市（州）、县政府要成为忠实的政策响应者和执行者。也就是说，对于省级统筹机构发布的关于全省义务教育均衡发展的政策及相关规定，市（州）、县政府要不折不扣地贯彻执行。

三是市（州）、县政府要成为义务教育省级统筹机构与本地教育行政部门和义务教育学校的"联络员"。也就是说，市（州）、县政府除了要及时地将本地义务教育发展的相关信息包括学校的诉求呈报给省级统筹机构外，也要及时地将省级统筹机构的相关政策、决议和改革措施等及时传达给当地教育行政部门和义务教育学校。

四是市（州）、县政府要成为义务教育资源配置的"监督员"。也就是说，在省级统筹过程中，市（州）、县政府承担着对省级统筹机构相关政策落实的监督责任和义务，也存在着对本地教育行政部门和义务教育学校贯彻执行省级统筹机构相关政策的督导责任。

---

① 邬志辉. 城乡教育一体化：问题形态与制度突破［J］. 教育研究，2012（8）：22-23.

在理顺义务教育各相关部门关系的基础上，要扩大省级教育行政部门统筹的权力。整体而言，义务教育省级统筹涉及的部门很多，其中六大部门都与义务教育发展有紧密的关系。六大部门各自负担的主要管理工作侧重不同。由于教育行政部门本身担负的教育责任重大，因此，为了实现义务教育均衡发展目标，一方面要营造六大部门相互沟通交流、相互协调的氛围，并构建和完善相应的机制；另一方面，因为省级教育行政部门是对全省教育发展进行管理的实体部门，作为省政府组成机构，直接对全省教育事业负责。除协调好外部关系外，省级教育行政部门还承担着按照教育规律管理好学校，办好人民满意教育的重任。由于教育涉及的外部结构很复杂，从效率和效果看，应减少协调环节，教育行政部门能做的事应交由教育行政部门做，如教师招聘考试、确定教育经费具体使用范围等。因此，在义务教育省级统筹中，省级政府要充分发挥和调动省级教育行政部门的积极性，同时赋予其更大的统筹权力和责任。

第三节 建立健全义务教育省级统筹的机制

从前面的分析看，要实现义务教育省级统筹，应该建立省级政府的宏观调控机制、省域义务教育资源均衡配置保障机制、协调沟通机制以及监督评估机制。从现状来看，这些机制并没有很好地建立起来。现阶段我们必须建立相应的机制，以解决义务教育省级统筹中的各种问题。

一、建立健全义务教育资源配置的法律保障机制

国家通过立法明确各级政府在资源配置中的责任，是义务教育省级统筹得以有效实施的基本保障。《义务教育法》规定："义务教育经费投入实行国务院和地方各级人民政府根据职责共同负担，省、自治区、直辖市人民政府负责统筹落实的体制。义务教育经费保障的具体办法由国务院规定。"这一规定明确了中央政府和地方各级政府是义务教育经费的筹措者，改变了过去县级政府承担主要责任的局面，但是《义务教育法》并没有对各级政府在义

务教育经费投入中的责任做出明确的规定，仅仅授权国务院制定相关办法。正是因为没有对义务教育资源配置的责任进行明确划分，各级政府在义务教育资源配置上可能消极作为或者互相推卸责任。

省级政府在配置教育资源方面具有中央政府和县级政府无可取代的优势，因此应充分发挥其主体地位。省级政府在统筹义务教育资源配置方面的优势主要体现在四个方面。第一，省级行政区划有独立的区域经济发展体系，有相对独立的教育发展体系，加强省级资源配置统筹，有利于改善教育投入的薄弱环节，为提高教育质量创造条件。第二，相对于县级政府，省级政府有较强的财政能力、资源调配能力和管理能力，能够有效地调节教育资源供求关系。第三，我国区域社会经济发展不平衡，既体现在省域之间，也表现在省内的不同县市间，省级统筹有利于从实际出发，在资源配置、管理上扬长补短，促进垂直公平。第四，省级政府可以在资源配置需求方面建立信息沟通渠道。

显然，明确各级政府在义务教育资源配置方面的法律责任并不是划定投入比例和标准那么简单，还必须明确具体责任落实到什么部门，通过什么样的方式实现及如果无法实现将有什么样的处罚措施。否则，所谓责任更多的是一种呼吁而毫无约束力。在没有明确的法律规定条件下，各级和各部门之间出现了一种相互博弈的关系。以教师配置为例，省级统筹教师补充方面就存在省级政府与地方政府，教育部门与财政部门、编制部门之间的博弈。财政部门及编制部门会出于对县市虚报教师聘用额的担心，而对县市所报的教师补充需求打折扣，实际投放的教师额往往会低于县市申报额。这就形成了"县市教育局有意多报需求—县市政府下调需求—财政部门、编制部门部分满足需求"的博弈链条，进而导致农村教师需求无法有效满足。地方自主招聘教师是弥补省级统筹补充教师不足的有效措施，但会受到地方财政能力的限制。

从前文关于部分国家和地区的分析中可以发现，这些国家和地区都通过立法来明确政府义务教育资源配置的职责，这对完善我国义务教育省级统筹资源配置机制具有借鉴作用。比如日本《义务教育经费国库负担法》《市町村学校教职员工工资负担法》《义务教育学校设施经费国库负担法》等法律明确了各级政府在义务教育资源配置中的较为具体、明确的法律责任；美国则通过《学校法典》《国防教育法》《初等和中等教育法案》等对义务教育资源配置中各级政府的投入责任和方法做了规定。因此，必须建立健全义务教育资源配置的法律保障机制，明确各级政府在教育资源配置中的法律责任。

二、建立健全义务教育省级统筹主体的责任机制

义务教育省级统筹主体是省级政府，在省级统筹中处于主导地位，省级财政部门等六大部门，市（州）、县政府及其教育行政部门也是主体，但主要承担着义务教育省级统筹的执行职责。因此，只有建立健全义务教育省级统筹主体的责任机制，才能保证义务教育省级统筹卓有成效地开展。具体而言，义务教育省级统筹的主体责任机制主要包括以下四个方面。

一是领导协调制度。要成立由分管教育的副省长担任组长的义务教育省级统筹领导小组（机构），领导小组主要负责统筹协调和综合指导；通过建立联席会议、协同解难、信息反馈等制度，充分发挥部门职能优势，构建横向到边、纵向到底、齐抓共管的义务教育省级统筹的机制。

二是研判制度。实行联系点制度，义务教育省级统筹领导小组每年联系包抓1至2个县作为义务教育省级统筹的联系点，加强调研指导，解决突出问题。实行义务教育省级统筹的定期汇报制度，省级统筹领导小组每季度至少听取一次义务教育省级统筹工作进展的汇报，每半年进行一次研判，年终对责任制落实情况进行全面考核。

三是责任传导制度。每年义务教育省级统筹领导小组要与市（州）、县各级政府和省级六大部门签订义务教育省级统筹责任书，将义务教育省级统筹的工作任务细化分解到各相关部门的责任领导、牵头部门和单位，对重点任务实行季度上报、半年研判、年度考核，建立工作台账，加强动态监管和经常性检查；严格落实责任制工作报告制度，各级政府部门分管义务教育的领导，于年初、年中、年底向义务教育省级统筹领导小组上报地方义务教育省级统筹责任制措施报告、自检报告以及落实省级统筹主体责任的情况报告，确保主体责任不落空。

四是检查考核制度。每年由义务教育省级统筹领导小组对义务教育省级统筹建设责任制工作进行考核，考核结果全省通报，并作为相关责任部门和责任人业绩评定、评先评优、选拔任用的重要依据。

三、建立健全义务教育省级统筹的问责机制

义务教育省级统筹的问责机制，是指义务教育省级统筹领导小组根据全省义务教育省级统筹各责任主体和执行主体承担职责和履行义务的情况，要求其承担否定性后果的责任追究制度。问责中的"责"指的就是由义务教育省级统筹领导小组与各相关部门签订的责任书中明确规定的责任。

义务教育省级统筹问责机制建立的前提，是明确各相关部门具体的责任，关于这一点已经在前文有所体现。从义务教育省级统筹的内容上讲，要明确义务教育发展中的人、财、物方面的具体责任。当然责任的确定应该合理合法，不能好高骛远，不切实际，或是空洞而无责。

例如，义务教育办学条件标准、教师编制标准、生均公用经费标准应该具备统一性和强制性，而且这些标准仅仅是底线要求。标准体系的制定是一个长期而又复杂的工作，应该注意以下几点。首先，标准要体现强制性和选择性。既然是"标准"，就必须遵照执行，在政府能力范围内，根据学校普遍的需要和短板制定硬性标准；针对不同的区域，制定一些选择性的标准，这种标准体现了某种层次性，有利于将省级政府的统筹理解为一种长效的指导，给予地区和学校一些自主发展的时间和空间。其次，标准要体现阶段性。当前的许多标准都是单一标准，以达标为目的，达标之后就"万事大吉"，这是一种懒人思维。我们应该根据群众不断变化的需求多制定渐进式发展的阶段标准体系。最后，标准要具体化。标准要细致，具有可操作性，能够执行。统筹的价值在于能够加大实施的力度，能够通过整体的力量来拉动部分目标的实现。我们应该认识到标准的实施需要一个过程，在这个过程中应该加强指导。省级政府应该对确立目标、划分项目、分解任务、实现标准等方面给予更多的考虑。具体的实施过程中应该做到以下三点。一是把整体推进和分阶段实施结合起来。整体推进是统筹的本意，而阶段性实施是现实的需要，两者应该保持动态的平衡。要根据实际情况考虑何时应更关注整体推进，何时应更关注阶段性目标的落实。二是把项目推进和项目联动整合起来。目前的情形是项目推进的形式使用得比较多，单打独斗的特征比较明显，缺乏项目之间的联合行动和综合治理。三是关注全方位的推进，不能只关注局部推进。

义务教育省级统筹的问责要强化省级统筹领导小组在问责工作中的综合作用，加强问责制度的建设和完善。同时，问责也离不开社会参与，需要与社会舆论及群众的有效监督接轨，与人大、政协等机构的监督接轨。只要出现损害义务教育省级统筹的问题，就应该追责。问责应该公开透明，不能将问责演变成变相的打击报复。义务教育省级统筹问责应该采用自我问责和组织问责并行的形式。自我问责就是对照责任书进行自检：哪些是承诺了却没有履行职责的？哪些是办了却没有办好的？哪些是没有承诺却又自作主张擅自做了的？原因是什么？带来的成效或损失有哪些？组织问责的主要形式也是对照与相应的主体签订的责任书，逐一问责。

四、建立健全义务教育省级统筹的协商会商机制

协商会商机制指的是在义务教育省级统筹领导小组的组织和协调下，加强各部门在义务教育省级统筹实施过程中的协调配合，目的是为义务教育省级统筹形成完整的、有效的长效运行机制。

义务教育省级统筹的协商会商机制主要包括如下内容。

一是对义务教育省级统筹中的重大问题、重要事项、重点项目进行会商，建立信息畅通、反应迅速、协调有效的协作机制，确保各部门特别是六大部门的协调行动，形成工作合力。

二是及时沟通各相关部门间有关义务教育省级统筹的重大问题、重要事项和重点项目的相关信息，研究解决工作中遇到的法律、政策及理论与实践问题，全面提升义务教育省级统筹工作的主动性和效率。

三是提高义务教育省级统筹中重大问题的应急处理能力和水平，协助处置义务教育省级统筹中出现的有能力不作为、无能力不作为、乱作为等问题，及时有效阻止各类有害于义务教育省级统筹的事件发生。

四是不定期召开会议，进行协商会商。义务教育省级统筹领导小组每年召开一两次各部门负责人会议，通报和交流义务教育省级统筹过程中存在的问题，研究解决统筹中的重大问题，讨论通过义务教育省级统筹的方针、对策和重要措施。关于个别事项，由省级统筹领导小组召开临时会议与对口单位负责人进行沟通协商。

五是与日常工作相结合。省级教育行政部门要向财政、人社、编办等相

关部门派驻联络员，并与派驻单位协商一致、共同研究确定联络员的具体职责。联络员的主要职责是努力争取并积极配合相关部门解决义务教育统筹中的问题。如派驻编办的联络员就应该向编办详细汇报义务教育教师编制的特殊性、国外义务教育教师编制的方式和方法，提供适合本省义务教育教师编制的一些建议和可操作的措施等，以实现省域内教师编制的合理配置。

五、建立健全义务教育省级统筹的专家咨询机制

义务教育省级统筹的专家咨询机制，是指在义务教育省级统筹的工作决策过程中，为提升决策的专业化、科学化水平，向教育领域、公共政策领域、财政领域、编制领域、人事社会保障领域等领域的专家或专业机构进行策略咨询的过程。其目的在于实现义务教育省级统筹决策的民主化和科学化，取得客观公正的具有高价值的统筹策略方案，简而言之，就是实现"专业人做专业事"。

义务教育省级统筹涉及多个领域，专业化程度较高。对于肩负繁重的日常领导职责的决策者而言，他们没有时间和精力对某一具体领域开展深入详细的调研，更不用说涉及多个领域了。所以，建立健全义务教育省级统筹的专家咨询机制，有利于保证义务教育省级统筹的决策者能将主要工作精力用在领导组织与决策上，无须亲自制定详细决策方案，而只需站在战略的高度对专家机构制定的各种方案进行优化选择，并加以组织实施。

义务教育省级统筹专家咨询机制构建中的一个主要问题，就是要保证咨询专家在决策过程中客观、独立和中立。就目前的情况而言，现有的包括政策研究室在内的一些决策咨询机构在提供决策建议时往往受到领导因素、部门利益因素、个人感情因素等影响，而难以提出具有前瞻性、科学性（真实性）、针对性和可操作性的真知灼见。因此，在义务教育省级统筹的专家咨询机制构建中，应该考虑建立各领域的专家数据库，及时清退不称职的专家，并且要赋予这些专家独立开展调查研究的权利和资源，使他们不受到部分领导和政府机构观念等方面的羁绊。只有如此，才能构建真正的义务教育省级统筹的智囊机构。

六、建立健全义务教育资源配置的监督机制

在调研中笔者发现，义务教育资源闲置、资源浪费、资源使用不当的现

象依然存在。一方面投入不足，资源有限；另一方面在资源配置的过程中出现了上述现象，这深刻地说明资源配置机制不健全，尤其是资源配置监督机制不健全。在监督方面，做好内部监督是最为基础的一个方面。应该对每一个岗位、每一笔投入都进行监督，让义务教育资源最大限度地发挥作用。另外，要引进更多的力量来加强监督。首先，公检法部门的监督有利于弥补资源配置方面的漏洞，是最为强硬的一种监督。其次，可以考虑引入社会第三方力量的监督，这样可以避免各级政府既当运动员又当裁判员可能产生的问题。最后，也应该纳入学生及家长的监督，给予他们参与监督的途径，因为资源配置关乎他们的切身利益，这种监督应该是最尽心尽力的。总之，建立多种形式相互配合的监督机制能够保证资源的合理配置和有效利用，减轻省级政府在义务教育资源统筹中的压力，让统筹更加有力。

七、建立健全义务教育省级统筹绩效的评价及反馈机制

义务教育省级统筹绩效的评价及反馈机制，指的是对于省级统筹下义务教育发展中人、财、物配置及相关政策制定和实施的合理性、有效性进行评价和反馈的过程与方式。其内容主要包括评价的主体、评价的内容（包括指标体系）、评价的方法和评价结果的运用及反馈等。

从评价主体来看，要建立包括中央政府及有关部门在内的权力机关评价主体、社会公众评价主体、社会组织评价主体、大众传媒评价主体等相互独立又相互采信的评价主体结构，并且在评价中要加大社会组织、专家评价主体的比重。还可采取签订合同委托服务的方式，聘请专业的社会评价中介机构作为评价主体。

从评价内容来看，主要包括义务教育省级统筹中省级统筹机构制定的相关政策落实的情况，省级统筹机构与中央政府及有关部门、省级以下各级政府、义务教育学校协调沟通的成效，义务教育人、财、物等教育资源的供给与配置等。评价的指标体系也应对照评价内容进行设计。

从评价的方法来看，无须采用主成分分析法等复杂的数理统计分析方法，可采用对照指标体系直接赋分的方法，最后计算总得分即可。

从评价结果的运用来看，首先要公开评价结果。义务教育省级统筹机构应将绩效评价报告通过电视、网络、报纸和新媒体等途径广而告之。同时，

为了方便受众更好地理解和使用报告，报告应该简洁明了，运用通俗易懂的表达，尽量不用专业术语，还应该对报告中的一些指标和专业术语提供详细的解释和说明。这既有利于评价结果的广泛传播，扩大外部监督群体，又为纵向了解省级统筹绩效水平的变化，横向对比不同地区省级统筹水平的差异提供了可能性。在公布绩效评价报告后要注意评价的反馈。反馈机制是否健全直接影响着新一轮的评价，因此，省级统筹机构要重视公众对绩效评价结果的反馈，在公布绩效评价报告的同时要提供多种渠道倾听相关政府部门、学校、社会组织及公众的意见，例如提供专门的邮箱、设置微信公众号、在网站开辟专栏、开通热线电话、组织意见征询会议等。这有利于实现义务教育省级统筹机构与相关组织和公众之间的良性互动，大大提升反馈的效果。

当然，义务教育省级统筹的反馈机制并不仅仅是指义务教育省级统筹绩效的反馈机制，还应包括法律法规制定、统筹主体责任、专家咨询、协商会商的反馈机制，这些内容前文已有阐述，在这里就不再赘述。

第四节 提升义务教育省级统筹主体的统筹素质

义务教育省级统筹能否顺利有效地实施，除了科学界定省级统筹主体的权责、理顺义务教育管理各相关部门的关系、扩大省级教育行政部门统筹的权力、建立健全义务教育统筹的机制外，还有重要的一点就是提升义务教育省级统筹主体的统筹素质。顶层设计者的素质直接影响统筹的效果。履行好义务教育省级统筹主体责任，提高顶层设计者的素质就显得尤为重要。

义务教育省级统筹主体的统筹素质主要包括如下几个方面：

一是义务教育省级统筹主体的统筹思维。也就是说，义务教育省级统筹主体必须充分认识到统筹的重要性，在对全省义务教育省级统筹作出决策时，应该采用统筹的思维而不是管理的思维、行政的思维，最为重要的是要有顶层设计的战略思维。

二是义务教育省级统筹主体的专业素质。这里的专业素质除了指具备统筹思维，能运用统筹方法对义务教育开展省级统筹外，更为重要的是对义务教育发展的内在规律、特点有深入的认识和把握，对影响义务教育省级统筹的因素等有清楚的认识，对义务教育省级统筹的机制有全面的了解，等等。这就需要省级统筹主体通过学习、通过建立健全专家咨询机制等来提升这些方面的专业素质。

义务教育省级统筹无论是从内容、机制还是方式方法上看都是十分复杂、专业性极强的。在义务教育省级统筹中，统筹主体要避免如下误区。第一，认为统筹就是权力高度集中，这样省级政府就把教育行政部门、省级以下政府及学校该做的事和应该履行的责任全部包揽了。第二，认为省级统筹就是全部放开，把责任甚至权力全部下放就能统筹好。也就是说，省级统筹主体将该履行的责任全部下放至下级政府、学校和社会组织等，不履行义务教育省级统筹的义务，对义务教育省级统筹工作不检查、不调研、不研判，义务教育省级统筹领导小组形同虚设。第三，独断专行，完全按照自己的思路进行统筹。例如：只统当前，不统长远；只统局部，不统全局；只统容易出政绩的工作，不统默默无闻、见效慢、打基础的工作；完全不考虑义务教育的特点，不考虑其他部门的承受能力，要求过急过高，安排工作层层加码，只给任务不给条件；缺乏整体安排，随意性大，热衷于"形象工程"，不与相关部门沟通和协调；等等。所以，省级政府在实施义务教育统筹过程中，要有自觉性，要具备统筹思维，要能灵活运用统筹方法，特别是适应于义务教育省级统筹的方式方法，并能积极自觉地处理义务教育省级统筹中的各类问题。

第八章
研究结论与展望

2010 年发布的《教育规划纲要》提出，"加强省级政府教育统筹。进一步加大省级政府对区域内各级各类教育的统筹。统筹管理义务教育，推进城乡义务教育均衡发展，依法落实发展义务教育的财政责任"。由此拉开了我国义务教育省级统筹综合改革的大幕。正如前文所指出的，我国义务教育省级统筹还处于探索阶段，对其中的理论问题及实践问题的研究和分析尚非常薄弱，急需开展深入的理论研究和实践探索。

因此，本研究针对义务教育省级统筹的主体、内容、机制等问题展开，力求弄清义务教育省级统筹的内涵、影响因素，构建其理论框架，为做好义务教育省级统筹提供理论参考和实践借鉴，为解决义务教育省级统筹中存在的问题提出对策建议。

通过理论研究、现状分析、历史考察、比较研究，本研究最后形成如下结论：

第一，均衡发展是义务教育发展的目标，义务教育省级统筹是实现义务教育均衡发展的必然选择。

第二，义务教育省级统筹相较于当前义务教育领域所存在的若干概念（如义务教育协调、义务教育管理等）具有其特殊性，它强调政府的顶层设计，强调各方资源的调动，强调多方相关利益主体关系的协调，强调行为客体的具体性和指向性。清晰界定义务教育省级统筹的内涵和外延是运用统筹方法解决义务教育发展中的重点和难点问题的基础。

第三，义务教育省级统筹不仅是一种方法，也是义务教育的管理体制和机制。这种体制、机制和方法符合中国国情，具有中国特色。

　　第四，本研究明确了义务教育省级统筹的目标、原则、主体、内容、机制，初步构建了义务教育省级统筹的理论框架。

　　第五，义务教育省级统筹的主体是多元的。省级政府是主导主体，其他主体是执行主体。义务教育省级统筹的重点内容是统筹义务教育发展规划、统筹义务教育教师队伍建设、统筹义务教育经费、统筹义务教育学校教育教学设施、统筹省域内相关主体责任划分。

　　第六，义务教育省级统筹的推进必须遵循依法统筹、实事求是、量力而为、协调沟通和差异化等原则。依法统筹是统筹推进的制度准绳，任何统筹都必须在国家法律法规的框架下开展；实事求是是统筹推进的技术约束，任何统筹都应当根据实际情况量力而为，在既定的资源约束下追求行动效益的最大化；协调沟通是统筹推进的实施保障，任何统筹都需要确保与统筹相关的部门和人员形成合力，充分调动各方积极性，共同推进义务教育发展；差异化是统筹推进的策略，任何统筹都要在承认优势群体和弱势群体差异的基础上，优先"补差""托底"，为更多的薄弱学校、教学点改善办学条件，以缩小差距，实现义务教育均衡发展的目标。

　　第七，针对我国当前义务教育省级统筹中存在的主要问题，本研究提出如下政策建议：科学界定义务教育省级统筹主体的权责；理顺义务教育管理相关部门的关系；扩大省级教育行政管理部门的统筹权力；建立健全义务教育省级统筹的机制（省级政府的宏观调控机制、省域义务教育资源均衡配置保障机制、协调沟通机制以及监督评估机制）；提升义务教育省级统筹主体的统筹素质；学习借鉴部分国家和地区有效做法和经验。

　　由于资料、时间和个人研究水平有限等多方面的原因，本研究无论是在理论层面还是在实践层面都存在一些有待进一步研究的问题。

　　一是义务教育省级统筹的内容和范围问题。义务教育省级统筹的内容应该是多角度和多层面的，而不应该是单一的。如从管理行为的角度来看，义务教育省级统筹还应该有统一思想认识的问题等。从统筹范围上讲，还存在公办学校与民办学校的统筹问题，即存在不同举办者的统筹问题等。

　　二是义务教育省级统筹的机制构建问题。本书提出了构建义务教育省级统筹的七大机制，但如何才能真正建立"横向到边、纵向到底、内外联动、齐抓共管"的机制，还有待进一步研究。就义务教育省级统筹绩效评价机制而言，评价机制的具体内容和方法等还有待进一步完善。

三是义务教育省级统筹与整个教育统筹的协调问题。义务教育省级统筹仅仅是教育省级统筹的一个方面，如何做好义务教育与高中阶段教育、高等教育省级统筹的协调也是一个需要探究的问题。

此外，在我国义务教育发展中，不同的地区呈现出不同的特点，具体的省份如何有针对性地开展义务教育省级统筹，还需要进一步研究。

附录 1
中国义务教育省级统筹问题研究访谈提纲

（一）

访谈问题：义务教育省级统筹的现状、热点、难点

访谈对象：外省教育厅相关人员

1. 为了强化省级政府义务教育统筹的责任，教育厅与省财政厅、省委编办、省人社厅、省委组织部、省发展改革委是否建立了有效的协调机制？这种机制是否还有进一步完善的空间？是否还有无法解决的问题？

2. 您认为义务教育省级统筹与以县为主的管理体制之间是否存在矛盾？您认为在义务教育省级统筹的背景下，省级以下的各级政府与省级政府在协调沟通中存在哪些障碍？有人提出要强化市县级政府对义务教育的统筹，对此您如何看？

3. 在义务教育省级统筹的前提下，您希望在经费的拨付、使用上建立什么样的机制？（如：中央政府、省级政府、市县级政府在义务教育经费上该各承担多大比例？拨付经费的标准是按学生人头拨付，还是按学校类别拨付？包括专项经费、转移支付经费在内的经费使用能否由省教育厅统一归口管理？……）在教师编制方面，该采取什么样的标准？在绩效工资实施过程中，如何更有效地提高教师的积极性？

4. 在义务教育省级统筹背景下，如何保障学校办学自主权？

（二）

访谈问题：中央与地方政府在义务教育均衡发展中的责任边界

访谈对象：教育部相关人员

1. 教育部在推进省域义务教育均衡发展中承担的主要责任是什么？

2. 教育部在推进省级统筹义务教育均衡发展中将有哪些新举措？

3. 教育部在推行省级统筹义务教育均衡发展中与省级政府的协调之间存在哪些方面的障碍？该如何破解这些障碍？

4.《教育规划纲要》中提出："中央政府统一领导和管理国家教育事业，制定发展规划、方针政策和基本标准，优化学科专业、类型、层次结构和区域布局。"在推进省级统筹义务教育均衡发展中，这一要求该如何落实？可能存在哪些问题？该如何解决？

5. 按照《教育规划纲要》的要求，省级政府、省教育厅、省财政厅、省委编办、省人社厅、省委组织部等相关部门，在省级统筹义务教育均衡发展中该如何协调工作？

6. 您如何看待在推进义务教育均衡发展中的"省级统筹"和"以县为主的管理体制"？

（三）

访谈问题：义务教育经费问题

访谈对象：省教育厅、省财政厅、省发展改革委相关负责人

1. 在免费义务教育背景下，目前教育经费依旧十分短缺，您认为主要原因是什么？

2. 在义务教育经费管理方面，您所在的单位拥有哪些权力和责任？行使权力和履行责任的机制是什么？

3. 您认为过去在义务教育经费的筹措、分配、督导、行政协调、政策执行方面存在哪些问题？您所在单位是怎样与其他两个单位统筹协调的？有哪些具体的做法？这些做法有无成效？还存在哪些问题？

4. 中央提出义务教育实行省级统筹，在解决教育经费短缺的问题上，省教育厅、省财政厅、省发展改革委应该如何协调？

5. 您认为为解决义务教育经费短缺问题，中央政府是否应当负担一部分教育经费？如果是，该如何保证？对于中央政府的转移支付制度，您如何看？

（四）

访谈问题：义务教育教师资源配置问题

访谈对象：省教育厅、省人社厅、省委编办、省委组织部相关人员

1. 我省目前教师编制是在确定班额的前提下，按照师生比来配置教师。您认为这种确定教师编制的方法有无不当之处？如果有，该如何改进？

2. 在教师编制的核定上，省委编办、省人社厅和省教育厅采取的是何种工作协调机制？这种机制在运行中是否存在问题？该如何改进？

3. 在义务教育学校校长等管理人员的任命及学校工作人员违规违纪的处理方面，目前存在哪些问题？该如何解决？

4. 我省义务教育学校的教师编制整体上的情况是总量超编、结构性缺编共存，您认为主要原因是什么？应如何解决？

5. 在教师编制的核定上，省级政府及省委编办等相关部门与县、市（州）的工作协调机制是什么？是否存在问题？该如何完善？

6. 在推进义务教育均衡发展中，我省采取了包括"特岗教师""资教生""免费师范生"等教师交流及城乡校长交流机制，您认为这能从根本上解决师资配置不均衡问题吗？如果不能，应该建立何种长效机制？

（五）

访谈问题：义务教育省级统筹的体制机制问题

访谈对象：省级政府相关部门人员

1. 您认为在省级统筹义务教育均衡发展中存在哪些体制和机制方面的难题？造成这些难题的原因是什么？目前有哪些改进措施？成效如何？

2. 您认为在省级统筹义务教育均衡发展中，省级政府应该主要承担哪些责任？省级政府在与中央政府及教育部等上级部门的协调沟通中存在哪些障碍？

3. 在推进义务教育均衡发展中，省级政府与省教育厅、省委编办、省委组织部、省人社厅之间是一种什么样的工作机制？其运行成效如何？有无障碍？

4. 在推进义务教育均衡发展工作中，省级政府与县、市（州）各级政府及相关部门沟通协调的机制如何？其中有无问题？该如何完善？

5. 如何理解和处理义务教育省级统筹与以县为主管理体制的关系？

（六）

访谈问题：义务教育省级统筹的困难与经验

访谈对象：市（州）和县教育、发展改革、人力资源和社会保障、财政、编制、组织六部门相关人员

1. 您认为本地在推进义务教育均衡发展过程中存在哪些问题？（本地义务教育发展还存在哪些主要问题？）

2. 在推进义务教育均衡发展过程中，您所在的部门已经或可能面临什么难题？在与其他部门或单位的沟通协调中存在哪些问题？是否有过虽沟通协调却一直无法解决的问题？

3. 您对义务教育省级统筹是如何看的？

4. 您认为义务教育的省级统筹与以县为主的管理体制之间是否存在矛盾？您认为在义务教育省级统筹背景下，县级政府与省级政府在协调沟通中存在哪些障碍？

5. 您认为在义务教育省级统筹背景下，义务教育均衡发展中还存在的经费紧张、教师编制不合理、城乡办学条件差异并未明显改善等问题，是如何造成的？该如何解决？

6. 本地在推进义务教育均衡发展工作中，有哪些卓有成效的做法？在实施中，各部门采用了什么样的运行机制？您认为这些机制还有进一步改进的空间吗？

附录 2
义务教育省级统筹调查问卷

尊敬的校长:

为了深入了解义务教育省级统筹的现状, 特别是存在的问题, 以期为进一步完善义务教育省级统筹机制提供决策咨询, 我们特意编制了此套面向义务教育学校校长的问卷, 就义务教育省级统筹学校层面的问题进行调研。问卷共分两个部分: 第一部分为选择题, 第二部分为开放性问答题。您不必用签名或其他形式表明自己的身份, 所有调查问卷将由省中小学教师继续教育中心收集, 我们将对您参与调查的过程和结果严格保密。

感谢您对我们工作的大力支持!

2014 年 7 月

一、选择题

1. 您所在的学校是 (　　)

A. 九年一贯制学校　　　　　　　B. 完全中学

C. 完全小学　　　　　　　　　　D. 中心学校

E. 教学点

2. 您所在学校的办学条件较本县同类学校 (　　)

A. 一样　　　B. 好　　　　C. 稍差　　　　D. 差很多

3. 您所在学校的办学经费由 (　　)

A. 中央和省级财政共同拨付　　　B. 中央、省和县共同分担

C. 省、县财政共同分担　　　　　D. 中央、省、县分担一部分, 其余自筹

4. 您所在学校的公用经费（ ）

A. 非常充裕 B. 充裕

C. 基本充裕 D. 有点紧张

E. 非常紧张

5. 您所在学校的福利待遇较本县同类学校（ ）

A. 高很多 B. 略高

C. 相当 D. 略低

E. 低很多

6. 您所在学校教师工资及相关福利（ ）

A. 能够保证非常及时地发放

B. 基本能够保证及时发放

C. 基本能够及时发放，偶尔也会推迟

D. 偶尔能及时发放，大部分时间难以保证及时发放

E. 很难保证及时发放

7. 您所在学校的办学经费（包括公用部分、教师部分）之所以充裕（或紧张），原因是（ ）

A. 省级财政分担比例高（低），当地财政收入高（低），才使得义务教育经费充裕（紧张）

B. 中央财政拨付标准高（低），才使得义务教育经费充裕（紧张）

C. 转移支付比例高（低），才使得义务教育经费充裕（紧张）

D. 县级财政配套比例高（低），才使得义务教育经费充裕（紧张）

E. 经费充裕（紧张）与当地财政收入高（低）没有关系，上级财政所提供的转移支付能够基本甚至是完全能够保证经费充裕

8. 您认为在义务教育省级统筹前提下，在教育经费拨付标准和方式上（ ）（可多选）

A. 教育经费拨付标准和方式非常合理

B. 教育经费拨付标准不尽合理，没有考虑不同性质学校的需求

C. 教育经费拨付标准较低，没有考虑不同学校的职工（如保安、医生、厨师）需求情况

D. 教育经费拨付方式也不尽合理

9. 您所在学校的教师（　　）

A. 数量充足，年龄结构、学历结构、专业结构合理

B. 数量足，但年龄老化

C. 数量足，但学历结构不合理

D. 数量足，但专业结构不合理

E. 缺少教师，现有教师年龄结构、学历结构和专业结构都不合理

10. 您认为"国标、省考、县聘、校用"这一吸纳新教师的机制（　　）

A. 好，有利于教师整体队伍质量的保障

B. 一般，应该将招考对象确定为师范专业的学生

C. 不好，无法保证教师质量和吸纳学校真正需要的教师

11. 您认为，实施义务教育省级统筹以来，教师工作的积极性较以前（　　）

A. 有很大的提高　　　　　　　　B. 无任何改变

C. 下降

12. 您认为通过建立城镇教师和校长到农村特别是偏远农村任教的教师流动机制及支教生等措施来提升农村学校教师质量（　　）

A. 很好，有利于提升农村中小学教育质量

B. 短期内有一定的好处

C. 不能起到好的作用

D. 不仅不能起到好的作用，反而会打破农村学校已然形成的教育教学风格

13. 您认为现行的教师编制标准（　　）

A. 很合理　　　　　　　　　　B. 不尽合理，编制整体偏紧

C. 现行编制标准不科学，需要改进

14. 您所在学校的师资队伍的情况是（　　）

A. 非常稳定　　　　　　　　　B. 稳定

C. 基本稳定　　　　　　　　　D. 有点不稳定

E. 非常不稳定

15. 您认为目前影响义务教育均衡发展的最主要的原因是（　　）

　　A. 教育管理体制

　　B. 财政管理体制

　　C. 教育管理体制，财政管理体制是次要原因

　　D. 财政管理体制，教育管理体制是次要原因

　　E. 财政管理体制和教育管理体制都是主要原因

　　F. 其他原因

16. 您认为自实施义务教育省级统筹后，学校较以前有变化的方面有

（　　）（可多选）

　　A. 教育经费　　　　　　　　B. 教师年龄结构

　　C. 教师学历　　　　　　　　D. 办学条件

　　E. 管理体制　　　　　　　　F. 无

17. 在义务教育省级统筹背景下，作为校长，您觉得较以前（　　）（可

多选）

　　A. 学校管理起来轻松多了

　　B. 学校管理难度加大，特别是对教师的管理难度很大

　　C. 感觉权限小多了

　　D. 在经费使用、教师聘用退出方面毫无权力

18. 您认为义务教育省级统筹的主体应该是（　　）

　　A. 省政府

　　B. 省教育厅

　　C. 包括省发展改革委、省人社厅、省委编办、省财政厅共同参与组成的

一个省直行政部门

　　D. 其他

19. 您对义务教育省级统筹的主要内容了解吗？（　　）

　　A. 非常了解　　　　　　　　B. 一般了解

　　C. 了解较少　　　　　　　　D. 完全不了解

20. 您认为义务教育省级统筹和以县为主的教育管理体制之间（　　）

　　A. 不矛盾，省级统筹是以县为主管理体制的有效保障

　　B. 省级统筹可能会削弱县级政府的责任和积极性

C. 省级统筹有助于减轻县级政府在财政投入上的责任, 进而强化县级政府的管理责任

21. 在义务教育省级统筹背景下, 作为校长, 您希望被赋予 (　　) (可多选)

A. 经费预算权

B. 一定的经费分配使用权

C. 一定的决定教师聘用、退出的权力

二、开放性问答题

1. 您认为义务教育省级统筹应该构建一种什么样的机制?

2. 您认为在义务教育省级统筹背景下, 办学经费的拨付和使用、教师的选聘等方面还存在哪些问题? 该如何解决?

后　记

　　本书是在我的博士论文的基础上修改而成的。从事教育工作二十多年后，我再次以学习者的角色走入校园。这段时间的学习让我对当学生、做学问、长学识、研学术，进而学以致用又有了不一样的感悟。之所以选择教育经济与管理作为我攻读博士学位的专业，是因为教育既是我的职业，更是我为自己选择的终生的事业。选定"义务教育省级统筹"作为博士学位论文选题，也是希望针对多年工作实践中发现的问题，结合自己的思考，在理论层面上对其进行分析研究，以期得出解题之法。

　　论文选题原为"中国义务教育省级教育行政统筹问题研究"，研究站在了教育行政的角度。但是在进一步研究中，我发现，如果仅限于教育行政范畴，不论横向的相关厅局，还是纵向的省、市、县、校，很多问题依然无法解决。若上升到省政府层面，合纵连横的统筹格局将得以彰显。因此，我提出了"义务教育统筹的主体不是教育行政部门，而是省级政府"的论点，并将论文选题修改为"中国义务教育省级统筹问题研究"。

　　义务教育省级统筹是一个庞大的系统，涉及方方面面，如内容包括发展规划、师资队伍、经费、教学设施、课程、学校管理、学业负担、质量评价等诸多项；影响统筹的因素有体制方面的，也有管理方面的；实施机制可根据宏观、中观、微观不断细化。研究如果追求面面俱到，难免出现体系不清、重点不明、解析不透、措施不实等问题。因此，在拟订研究提纲时，我选择了统筹主体、统筹内容、统筹实施机制三个最为重要的方面进行了深入研究。

　　这项研究有两大难点：一是我国统筹学的相关理论还不丰富，现仅有华罗庚《统筹法话本》，刘天禄《统筹学概论》，杨纪珂《统筹经济学初步》，朱国林《统筹学》《军事统筹学》等为数不多的专著。二是研究涉及的政策多、部门多、数据多，要建立政策与部门之间的关联，寻找实例与数据的支撑，需要深入实际，掌握第一手材料。因此，我采取了调查法、文献研究法、行为研究法、比较研究法等多种研究方法。研究力图形成理论框架，丰富专业内涵，体现我对义务教育现状的思考、对义务教育省级统筹的认识以及解决义务教育省级统筹相关问题的思路与对策。

在繁忙的工作之余坚持学习和研究的确不是一件轻松的事情，也由于我个人理论功底不深，实践能力有限，本书还存在很多不足之处。例如，在研究内容方面，本研究关注了主体责任部门及其关系，重点研究了义务教育体制机制、经费投入及师资建设，其他方面如教师管理、课程建设、办学行为规范（择校、补课）等未进行研究；再如，由于国内对义务教育省级统筹的研究多停留在对基本事实的陈述上，理论较为缺乏，因此研究能够获取的资料有限，存在理论局限性；又如，因访谈和调研受时间、地域限制，研究中对省外、国外情况调研相对不足，且偏重研究公办学校义务教育省级统筹问题，对民办中小学存在的问题缺乏深入研究；等等。这些都是今后需要不断深入研究和加强探索的方面。借此机会，真诚希望得到老师、专家和广大同行的批评指正。

在此，我要感谢在武汉大学四年学习期间，教育科学研究院程斯辉、黄明东、肖昊、蒲蕊等老师的讲课和教诲，他们的学识修养和学术风范都曾深深感染过我。还有其他授课老师也给了我不少指导，他们对我的教诲和启迪是值得我毕生珍藏的宝贵财富。

我还要感谢华中师范大学雷万鹏教授，中南财经政法大学徐文副教授、熊卫副教授、湖北省中小学教师继续教育中心主任袁先激博士、肖凯博士，在论文写作过程中给我的专业指导；感谢山东省、黑龙江省、安徽省、广东省等地教育厅领导同志在论文写作过程中给我提供的素材；感谢湖北省人民政府、省发展改革委、省人力资源和社会保障厅、省财政厅等有关部门同志接受我的访谈并提供相关资料；感谢宜昌、黄冈、咸宁、襄阳等市教育、发改、宣传、人事、编办、组织等部门为我组织座谈会并提供支持；感谢湖北省教育厅的同事和同行为我随时提供帮助。本书的出版，得到了教育科学出版社的大力支持，在此一并表示感谢。

我特别要感谢导师程斯辉教授对我的悉心指导，从选题修改到观点提炼，从逐字逐句推敲到整体成文，导师严谨治学的态度和孜孜以求的精神感动着我，也激励着我不求至善，但求至勤。

知识在路上，脚步不停歇，走过才算经过，采撷春花秋叶。

朋友在路上，心灵不停歇，叹过才算悟过，书写阴晴圆缺。

理想在路上，生命不停歇，舍过才算得过，答谢天地日月。

2017 年 12 月

出版人　李　东
责任编辑　李宗喜
版式设计　沈晓萌
责任校对　张晓雯
责任印制　叶小峰

图书在版编目（CIP）数据

中国义务教育省级统筹问题研究/黄俭著．—北京：
教育科学出版社，2020.8
　　ISBN 978-7-5191-2144-0

　　Ⅰ．①中…　Ⅱ．①黄…　Ⅲ．①地方教育—义务教育—
研究—中国　Ⅳ．①G522.3

　　中国版本图书馆 CIP 数据核字（2020）第 156103 号

中国义务教育省级统筹问题研究
ZHONGGUO YIWU JIAOYU SHENGJI TONGCHOU WENTI YANJIU

出 版 发 行	教育科学出版社				
社　　　址	北京·朝阳区安慧北里安园甲 9 号		邮　　　编	100101	
总编室电话	010-64981290		编辑部电话	010-64981259	
出版部电话	010-64989487		市场部电话	010-64989009	
传　　　真	010-64891796		网　　　址	http://www.esph.com.cn	
经　　　销	各地新华书店				
制　　　作	北京金奥都图文制作中心				
印　　　刷	北京玺诚印务有限公司				
开　　　本	720 毫米×1020 毫米　1/16		版　　　次	2020 年 8 月第 1 版	
印　　　张	12.75		印　　　次	2020 年 8 月第 1 次印刷	
字　　　数	194 千		定　　　价	45.50 元	

图书出现印装质量问题,本社负责调换。